파스칼이 들려주는
갈대 이야기

파스칼이 들려주는

갈대 이야기

ⓒ 강영계, 2008

초판 1쇄 발행일 2008년 3월 5일
초판 10쇄 발행일 2020년 11월 3일

지은이   강영계
그림   이효정
펴낸이   정은영

펴낸곳   (주)자음과모음
출판등록   2001년 11월 28일 제2001-000259호
주소   04047 서울시 마포구 양화로6길 49
전화   편집부 (02)324-2347 경영지원부 (02)325-6047
팩스   편집부 (02)324-2348 경영지원부 (02)2648-1311
e-mail   jamoteen@jamobook.com

ISBN   978-89-544-1983-3 (64100)

파스칼이 들려주는
갈대 이야기

강영계 지음

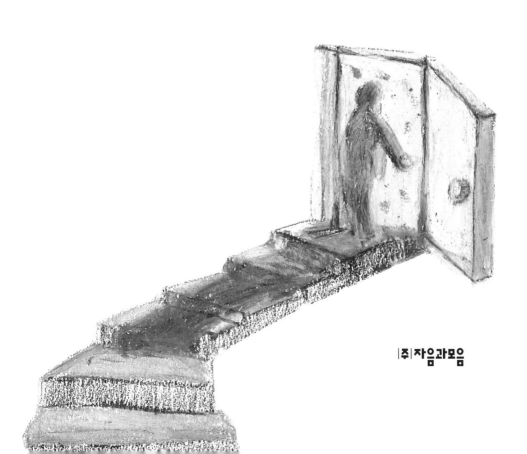

㈜자음과모음

책머리에

　현대 프랑스 철학을 대변하는 사람들로는 들뢰즈, 리쾨르, 리오타르, 데리다, 푸코 등이 있습니다. 이들에 조금 앞서서는 베르그송이 있고 더 한참 거슬러 올라가면 파스칼과 데카르트가 있습니다.

　17세기 서양 근대 철학은 버클리, 홉스, 로크, 흄 등이 맥을 이루는 영국 경험론과 데카르트, 스피노자, 라이프니츠 등이 맥을 이루는 대륙 합리론으로 나누어집니다. 근대 철학의 중심은 인식론인데, 경험론과 합리론 모두 철저히 인식론에 근거하여 자연과 인간, 사회와 도덕의 문제들을 탐구했습니다.

　블레즈 파스칼(1623-1662)은 근대 철학자이면서도 천재적인 광기를 발휘한 이방인이었고, 그의 철학은 훗날 종교적 비합리주의라는 명칭을 얻게 됩니다. 매우 독특한 사상적 입장을 보여준 철학자 파스칼의 이름을 들으면 생각나는 것이 '인간은 생각하는 갈대다.' 라는 말입니다. 이 말은 파스칼의 유고집(遺稿集)인 《팡세》에 나오는 구절입니다. '갈대' 는 연약함과 비참함을 뜻하며 '생각하는' 은 인간의 위대함을 뜻합니다. '인간은 생각하는 갈대다.' 라는 한 문장이 파스칼의 전체 사상을 대변

한다고 보아도 무리가 아닐 것입니다.

파스칼은 청소년 시절부터 수학과 물리학에 천재적인 기질을 보이면서 원뿔곡선에 대한 연구와 진공 실험에 탁월한 재능을 발휘하였고 다수의 논문도 썼습니다. 파스칼은 수학자, 물리학자, 발명가, 철학자로서 왕성한 활동을 했으며 각계의 저명한 인물들과 토론을 벌였습니다. 그러나 31세에 엄청난 종교적 체험을 하게 되고, 이는 파스칼의 사상 전환의 계기가 됩니다.

수학적 이론과 종교적 실천 간의 모순과 갈등은 영원히 해결할 수 없는 문제일까요? 파스칼에게는 결코 그렇지 않았습니다. 영국의 현대 철학자 버트란드 러셀은 '모든 이론의 맨 밑바탕에는 신념이 있다.' 라고 했습니다. 언뜻 보기에 수학자들은 수 이론에 관해 모두 똑같은 생각을 가지고 있을 것 같지만, 사실 수학자들은 저마다 다른 수 이론을 주장합니다. 각자 수에 대한 신념이 다르기 때문이지요.

파스칼은 당시 합리론을 대표하는 데카르트 철학에 반기를 들었을 뿐만 아니라 형식적인 전통 신학을 근거로 삼는 가톨릭 예수교단의 신학에도 반대했습니다. 그는 신의 계시를 신앙으로써 받아들이고 수학적 이성을 자연 세계에 적용하여 탐구해 간다면 인간은 비참함을 극복하고 진리와 행복을 얻을 수 있다고 확신했습니다.

우리의 현실 사회에는 폭력, 위선, 이기주의가 판치고 있습니다. 인간이 인간답게 살려면 어떻게 해야 할까요? 파스칼은인간이 자신을 부정

하고 소멸시킬 때 참다운 인간으로 구원받을 수 있다고 주장합니다. 여기서 자신을 소멸시킬 수 있는 유일한 길은 신앙입니다.

　근대 철학의 이방인으로서 종교적 비합리주의의 길을 걸었던 파스칼. 수학과 물리학에 관한 그의 탐구 정신과 탐구 방법, 그리고 인간 구원에 관한 실천적 신앙은 우리들로 하여금 많은 것을 생각하게 합니다.

2008년 2월
강영계

서양 근대 철학은 영국의 경험론과 대륙의 합리론으로 나뉩니다. 파스칼은 어느 한 쪽에도 속하지 않는 독자적인 입장을 전개한 프랑스의 근대 철학자입니다. 그는 수학과 물리학을 중요하게 생각하면서도 오히려 종교(기독교)를 가장 근본적인 것으로 여긴 종교 철학자입니다. 오직 자연 과학만을 중시하는 현대인에게 파스칼의 종교 철학은 새로운 시각에 대한 놀라운 경험이 될 것입니다.

건국대학교 철학과 교수 정상봉

종교적 비합리주의를 대표하는 프랑스의 근대 철학자가 바로 파스칼입니다. 그는 이성보다는 심정, 곧 마음이나 가슴을 통해 절대적으로 참다운 하나님의 진리를 느끼고 직관할 수 있다고 주장했습니다. 파스칼의 심정 철학은 현대의 실존주의 사상에도 중대한 영향을 끼쳤습니다. 인간에게 의미 있는 삶은 자연 과학의 법칙과 형식에 의해서 지배되는 삶이 아니라, 마음 속 깊이 느끼고 행동하는 삶이라는 것이 파스칼의 태도입니다.

건국대학교 철학과 교수 김성민

C O N T E N T S

프롤로그

'매일 똑같이 흘러가는 하루 지루해 난 한숨이나 쉬어……!'

이어폰 속 여가수는 열창 중이야. 이 가수도 인생이 고되고 힘들었나 봐. 실은 나도 그렇거든. 버스 창밖으로는 재미없게 늘어서 있는 가로수와 전신주들만 스쳐 지나가고. 사람들은 왜 저렇게 똑같은 표정으로 거리를 걸어 다니고, 노인들은 왜 하나같이 죽어가는 코끼리의 얼굴을 하고 있는 거지?

이런 생각이 들 때마다 내 등에 있는 책가방은 더욱 나를 짓누르곤 해. 달팽이처럼 집채만 한 가방을 매고 나는 살고 있지. 나연이는 어김없이 수학책을 읽고 있군. 세상에 말이 돼? 버스에서 수학책을 읽다니. 같은 뱃속에서 열 달 동안 있었는데도 난 도저히 이해가 안 돼. 인수분해, 방정식…… 쳇, 인수를 왜 분해하는 거야? 그대로 놔두어도 될 텐데.

참, 다음 주가 또 수학 경시 대회라며? 학교랑 학원 선생님이 또 나를 달달 볶아댈 거야. 깨를 볶으면 맛있는 양념이나 되지. 나는 시든 시금치 잎처럼 녹초가 되어 버릴 텐데. 왜 우리는 학교와 학원을 오가며 뭔가를 배워야 하는 걸까? 의미 없는 하루를 보내다가 시험이나 보고. 이러다가 또 중학생이 되고, 나중엔 고등학생이 되겠지.

휴, 푸념이 너무 길었네. 이렇게 우울한 생각이 들 때마다 나는 성원이를 만나러 가곤 해. 성원이는 유치원 때부터 나연이와 나의 단짝 친구였거든. 희귀병에 걸려서 3년 전부터 지금까지 병원에 입원 중이야. 하지만 성원이는 늘 해맑게 웃으며 우리를 맞이해 줘. 오죽하면 별명이 '해피보이'일까. 원래 해피는 메리, 쫑과 더불어 강아지 부를 때 가장 많이 쓰는 이름 중 하난데. 히히.

성원이를 생각하니 기분이 좋아졌어. 오늘은 녀석에게 생물 선생님께 배운 헤드락을 가르쳐 줘야지.

내가 살아가는
이유는 무엇일까?

 의지는 신념의 중요한 기관들 중의 하나이다.

– 블레즈 파스칼

1 해피보이 내 친구 성원

117호 최성원
면회 언제나 즐겁게 대기 중

성원이의 병실 앞에 붙은 문구를 보고 나연이와 나는 피식 웃었어. 짧은 문구지만 저 글은 내가 아는 성원이의 모든 것을 드러내는 말이야. 언제나 밝게 웃고, 또 웃음을 이끌어 내는 아이.
막상 문을 여니 병실에는 아무도 없었고, 정갈하게 정리되어 있는 침대와 서랍이 눈에 들어왔어.

"성원이가 어디 갔을까? 예쁜 간호사 언니가 또 새로 들어왔나?"

나연이가 웃음을 지으며 나를 바라보았어. 글쎄, 녀석은 어디로 간 걸까? 오늘 내가 온다고 전화까지 해 놓았었는데. 생각에 생각이 꼬리를 물고 있을 때쯤 성원이 어머니께서 들어오셨어.

"어머, 너희들 왔니? 학교 다니느라 힘들 텐데 매번 잊지 않고 찾아와 줘서 고맙구나."

성원이 어머니께서는 며칠 새 많이 해쓱해진 얼굴이셨어.

"출출하지? 성원이가 먹고 싶대서 보리개떡 좀 부쳐 왔어. 성원이는 영감처럼 이런 옛날 전통 음식만 찾는단다. 호호."

"그럼요, 그러니까 별명이 애늙은이, 영영하루방이잖아요."

나연이의 농담에 우리는 까르르 웃었어. 성원이는 식성도 그렇지만 마음도 어른처럼 넓고 이해심이 많아서 친구들에게 양보를 잘하는 아이야. 덕분에 나와 나연이는 엄마에게 성원이랑 비교 당하며 허구한 날 혼나기나 하는 입장이지만.

"그런데 아줌마, 지난번에 비해 얼굴이 많이 안 좋아지셨어요."

내가 걱정스러워서 묻자 성원이 어머니 눈가에 금세 물기가 핑

돌았어.

"녀석, 그런 말도 할 줄 알고 기특하구나? 호호. 그런 게 아니라 아줌마가 하도 병원에만 있다 보니 살이 쪄서 요즘 다이어트 중이라 그래. 어때? 이제 나가서 처녀라고 해도 되겠지?"

밝게 웃으며 우리를 쳐다보는 성원이 어머니의 얼굴은 왠지 더 슬퍼 보였어. 눈치 빠른 나연이가 얼른 말을 돌렸지.

"네, 맞아요! 미스 코리아 나가셔도 되겠어요. 저도 따라하게 비결 좀 알려 주세요. 헤헤."

"비결? 음, 뭐랄까. 말 잘 듣고 착한 아들이 비결이라면 비결일까?"

"그럼 우리 엄마가 뚱뚱한 것은 모두 나빈이 탓이겠네요. 나빈이는 말 되게 안 들으니까. 하하!"

"하하하!"

우린 병실이 떠나가라 크게 웃었어. 성원이 어머니께선 잠시 의사 선생님을 만나러 간다고 자리를 비우셨고, 텅 빈 병실엔 다시 나연이와 나, 둘만 남게 되었어.

성원이는 워낙 책을 좋아해서 병실이 마치 작은 도서관 같았어. 나는 심심해서 쌓여 있는 책들을 뒤적거려 보았지.

"세상에, 이게 다 책이야? 우리 집 책 다 합쳐도 이만큼은 안 되겠다. 나는 책 표지만 봐도 졸음이 쏟아지는데."

나연이가 따분하다는 눈길로 나를 쳐다보더라고. 그래, 너의 눈에는 오직 수학책만이 읽을 가치가 있지, 흥. 속으로 이런 생각을 하고 있을 즈음 나연이가 나를 불렀어.

"오빠!"

오빠라는 호칭은 15분 늦게 태어난 나연이가 뭔가 심상치 않은 일이 있을 때만 부르는 말인데…… 수상쩍네.

"왜? 또 뭐 신기한 거라도 발견한 거야?"

"응, 오빠. 여기 이상한 게 있어."

나연이가 만화책 사이에서 작은 수첩을 집어서 내게 건네주었어. 난 웬 수첩일까 하며 생각 없이 펼쳐 보았지.

나는 왜 태어나서 식구들을 이렇게 힘들게 할까.

내 꿈은 과학자인데. 몸이 튼튼해야 실험도 하고 발명도 할 텐데. 내가 할 수 있는 일이라곤 이렇게 창문에 걸터앉아 생각하는 일밖에 없어. 그게 난 너무 슬퍼.

하지만 나는 울면 안 돼. 왜냐하면 나는 해피 보이니까. 엄마는

내가 환하게 웃을 때 가장 행복하다고 하셨거든. 아파도 슬퍼도 나는 웃어야 해. 해피 보이는 우는 방법을 몰라. 해피 보이에게는 웃는 얼굴이 어울려.

 페이지 여백엔 활짝 웃고 있는 스마일 그림이 가득 그려져 있었어. 하지만 아래로 내려갈수록 스마일 표정이 점점 일그러져 갔지. 가장 마지막에 그려진 스마일은 미소를 짓고 있다기보다는 거의 울상에 가까워 보였어.
 "성원이가 이런 생각을 하고 있었다니……. 나는 정말로 꿈에도 짐작하지 못했어……."
 나연이가 울먹이며 말했어.
 "울지 마, 성원이가 들어와서 보면 어떡하니. 우선 이 수첩부터 아까 있던 곳에 그대로 꽂아 두자."
 나연이는 만화책 사이에 수첩을 도로 꽂아 놓았어. 오빠 노릇하느라 아무렇지 않은 척 하긴 했지만, 나도 나연이와 마찬가지 심정이었어. 항상 미소로 우리를 맞이해 주던 성원이가 속으로는 이런 슬픈 생각을 하고 있었다는 게 믿기지 않았거든.
 문득 난 잊고 지내던 성원이의 장래 희망이 떠올랐어. 성원이는 과학 과목을 특히 좋아했었는데, 초등학교 3학년 때는 학교 대표로 과학 발명품 경진 대회에 나가서 나이가 많은 형들을 누르고 대상을 받은 적도 있는 대단한 녀석이라고.

"나빈아, 난 발명하는 게 세상에서 제일 재미있어. 새로운 아이디어로 발명품이 만들어질 때마다 내가 살아있는 느낌이 들어. 난 앞으로 발명하고 싶은 게 너무 많아."

성원이는 입버릇처럼 이런 말을 했어. 발명에 대해 이야기할 때면 성원이의 두 눈은 초롱초롱 빛이 났어. 난 그때, 사람의 눈동자도 이렇게 작고 예쁜 별을 가질 수 있구나 하는 생각을 했었지.

성원이의 건강이 나빠진 건 초등학교 4학년 겨울 방학 무렵이었어.

성원이가 걸린 병은 아주 소수의 사람들만이 걸리는 희귀한 질병이라고 했어. 우리가 성원이의 병에 대해서 알게 되었을 때도 성원이는 놀라서 눈물부터 흘리던 나와 나연이를 오히려 위로해 주었지. 자기는 워낙 특별한 사람이어서 그런 병이 찾아왔다고, 그래서 기꺼이 그것과 싸워 이길 것이라고 호언장담을 하면서 말이야. 그랬던 성원이가 사실 속으로는 이렇게 슬퍼하고 있었다니,

나는 그것도 모르고 늘 성원이를 '해피보이'라 부르며 웃는 얼굴만 어울린다고 생각했잖아.

"어, 오랜만이네. 나빈이랑 나연이도 성원이 병문안 왔구나?"
영석 형이 병실 문을 열고 들어왔어. 영석 형은 나와 나연이가 어릴 때부터 교회에서 알고 지낸 형인데, 여러 가지로 좋은 말도 해 주고 맛있는 아이스크림도 자주 사 주는 그런 형이야. 헤헤.
"어머, 영석 오빠 오셨어요? 언제나와 같이 한 손에 아이스크림을 들고 오셨군요! 덕분에 우리도 아이스크림 먹겠네요. 호호."
박나연, 내 동생이지만 참 어처구니가 없다. 방금 전까지만 해도 성원이 일기 읽으면서 운 주제에 먹을 것 앞에서 돌변하는 모습이라니. 난 망연히 아이스크림이 담긴 봉지를 쳐다봤어. 저 아이스크림의 달콤함이 슬픈 성원이의 마음을 위로해 줄 수 있을까? 아이스크림은 녹으면 그만이잖아.
"응, 성원이가 먹고 싶어 할 거 같아서. 근데 나연아, 나빈이 표정이 왜 저러니? 아이스크림이 그렇게 먹고 싶었나? 하하."
"아니에요, 형."
나는 고개를 가로저으며 단호하게 대답했어. 영석 형은 무슨 일이 있었는지 묻는 듯한 표정으로 나를 쳐다보았어. 서로 얼굴만 쳐다보고 있는 우리가 답답했는지 나연이가 다시 만화책 사이에 끼어두었던 성원이의 수첩을 꺼내 형에게 건네주었어. 형은 말없이 수첩에 적힌 일기를 읽더니 바로 진지한 얼굴이 되었어.

"이유야 어쨌든 남의 일기를 보는 것은 올바른 행동이 아니란다."

"네, 알아요. 하지만 오빠, 저도 만화책을 읽다가 그냥 우연히 발견한 것뿐이에요. 해피보이 성원이의 일기라면 온통 재밌는 얘기들만 있을 것 같았는데……. 막상 읽어보니 그게 아니네요."

나연이가 다시 코를 훌쩍거렸어.

"너희를 나무라는 것은 아니야. 어쨌든 성원이의 속마음을 안 이상 성원이를 이대로 그냥 두어서는 안 될 것 같다."

"저도 그렇게 생각해요, 형. 늘 웃고 있는 표정 뒤에 그런 슬픔이 있었다는 걸 친구인 제가 몰랐다는 게 부끄러워요. 그냥 매일 똑같이 반복되는 생활이 힘겹다고 제 일에만 신경 쓰고 성원이에게는 신경을 못 쓴 것 같아요. 오늘도 사실은 그런 제 마음을 하소연하려고 온 거였는데……."

난 괜히 눈물이 났어. 사나이는 울면 안 된다는 걸 잘 알고 있지만 그래도 흐르는 눈물을 참을 수가 없었어.

"그래, 이해해. 나도 성원이가 이런 생각을 하고 있는 줄 몰랐는 걸. 형은 그저께 성원이가 호흡 곤란 증세 때문에 힘들었다는 말을 목사님께 전해 듣고…… 와 본 거란다."

영석 형도 병원에 찾아 온 이유를 이야기하며 말을 흐렸어. 그 말을 들으니 성원이 어머니가 부쩍 해쓱해지신 까닭을 알 수 있었어. 아아, 성원이는 또 얼마나 힘들었을까?

"오빠, 우리가 뭐 할 수 있는 일이 없을까요? 친구로서 말이에요."

"글쎄, 성원이가 눈치 채지 못하도록 하면서 힘을 줄 수 있는 방법이 뭐가 있을까? 같이 고민해 보자."

2 해피보이 성원이의 갈대 같은 속마음

"제발 허락해 주세요, 선생님! 성원이에게 꼭 보여 주고 싶은 것이 있단 말이에요. 병원에서 멀지도 않고요."

나연이의 애교 작전에도 성원이의 담당의이신 한유나 선생님의 허락을 받기가 쉽지 않네. 그렇다면 이제는 영석 형이 나설 수밖에 없지.

"주의 사항을 적어 주시면 저희가 유의해서 잘 보살피겠습니다. 3시간 동안만 허락해 주세요. 휠체어에 태워서 정말 조심히 갔다

오겠습니다."

영석 형의 말에도 여전히 한 선생님은 마음이 놓이지 않는 눈치셨어. 그렇지만 삶아 놓은 시금치처럼 맥이 없는 내 표정을 보더니 약간 마음이 흔들리기 시작한 것 같았어.

"어유, 정말 끈질긴 우정의 친구들이네요. 그래요, 그럼 딱 3시간만 허락할게요. 주의 사항은 담당 간호사 선생님에게 부탁해 놓을 테니 영석 씨가 책임지도록 하시고요. 저는 영석 씨만 믿고 허락하는 거예요. 다들 아셨죠?"

야호! 한 선생님의 말에 우리는 모두 환호성을 질렀어.

"네네, 알겠습니다! 선생님, 고맙습니다!"

성원이를 위한 우리의 계획이 뭐냐고? 그건 바로 하늘공원에서 열리는 과학 발명품 경진 대회 관람이었지. 후후. 그 전시회는 성원이가 벌써 몇 달 전부터 가고 싶어 했던 곳이거든. 기억력만 좋은 나연이가 성원이의 말을 용케 기억해 내더라고. 그래서 우린 그 전시회에 성원이를 데려 가기로 결정한 거지. 사소한 것까지 기억해서 나를 괴롭히곤 하는 성가신 나연이의 기억력도 필요할 때가 있군. 칭찬할 만하다고 봐. 히히.

전시회장에 도착할 때까지 우리들의 계획은 철저하게 비밀에 부쳐져 있었어. 가는 내내 계속 궁금해 하는 성원의 해맑은 눈빛을 외면하느라 어찌나 진땀이 나던지.

"나빈아, 나 예쁜 여자 친구 소개시켜 주는 거야? 그럴 거면 미리 말을 했어야지. 이마에 난 여드름이 영 신경 쓰이는데. 최 간호사 누나한테 여드름 가리는 화장품을 빌렸어야 하나? 하하."

성원의 해맑은 웃음을 보니 왠지 마음이 더 서글퍼졌어.

'녀석, 속마음은 새까맣게 탔으면서 왜 겉으로는 웃고 있어. 바보같이.'

예상치 못한 사건이 터진 건 영석 형의 차가 하늘공원 입구에 들어설 때쯤이었어. 밝게 웃고 있던 성원이의 얼굴이 점점 어두워지기 시작했거든.

"형, 혹시 과학 발명품 전시회에 가는 거예요?"

"으응. 눈치 빠른 녀석, 비밀로 하려고 했는데 들통나 버렸네."

영석 형의 말을 들은 성원이의 표정이 갑작스레 굳어졌어.

"왜? 성원아, 무슨 사정이라도 있니?"

나연이의 질문에 성원이는 눈을 감고 말했어.

"나연아, 나빈아. 나 거기 별로 가고 싶지 않아."

에에? 말도 안 돼. 과학 발명 경진 전시회에 가고 싶지 않다고? 우린 모두 깜짝 놀랐어. 성원이가 그곳에 가면 정말 좋아할 줄 알았단 말이야!

"왜, 성원아? 너 발명품 좋아하잖아?"

영석 형의 물음에도 한참동안 성원이는 묵묵부답으로 일관하다 머뭇머뭇 간신히 대답을 했어.

"저기, 형. 저 이제 발명에 관심 없어요. 발명은 어릴 때 그냥 유치한 발상으로 놀면서 시간 때우려고 했던 건데요, 뭐. 이젠 흥미를 잃었어요."

뭐라고? 발명이 유치한 발상에 단순히 시간을 때우기 위한 것이었다고? 녀석은 또 거짓말을 하고 있는 거야. 성원이에게 발명이 어떤 의미였는지 내가 누구보다도 잘 아는데! 바보같이. 차라리 힘들면 힘들다고, 몸이 아파서 더 이상 발명을 하기 어렵다고 말을 할 것이지. 바보, 바보, 최성원.

"그래. 그럼 성원이 의견을 존중해서 전시회는 가지 말자. 대신 힘들게 허락받고 나온 거니까 하늘공원이나 산책하고 들어가는 게 어때?"

영석 형의 제안에 성원이는 힘없이 고개를 끄덕였어.

바람이 제법 부네. 우리는 휠체어에 앉은 성원이를 준비해 온 담요로 덮고 하늘공원으로 올라갔어. 가는 내내 성원이는 자기가 담요에 너무 꼭꼭 말려 있어 김밥 같다느니, 최근에 볼에 구레나룻이 생겼다느니 종알거리며 헤헤 웃어댔지. 슬픈 해피보이, 내 친구 성원.

"어머. 오빠, 저기 좀 봐요. 갈대 밭이 있네요? 꼭 제주도에 온 것 같아요. 바람에 따라 움직이는 모습이 너무 예쁘다."

나연이의 호들갑에 우리는 서둘러 갈대 밭 앞으로 갔어. 나연이 말대로 멋진 갈대 밭이 눈앞에 펼쳐져 있었어. 불어 오는 바람을 타고 흔들거리는 갈대와, 멀리선 어슴푸레하게 석양이 지고 있었는데 정말 아름답더라.

"참 아름다운 풍경이야. 하지만 아름다워서 왠지 슬프기도 해. 바람에 따라 흔들리는 갈대가 꼭 나 같아서."

시종일관 웃고 있던 성원이가 갈대밭을 보며 내뱉은 말은 무척 의외였어.

"성원이가 꼭 철학자 같은 말을 하네. 왜 그런 말도 있잖아. '인

간은 생각하는 갈대다.' 라고. 또 갈대가 들어가는 말이 뭐더라? 아, 맞다. '여자의 마음은 갈대와 같다.' 였나? 호호."

어색한 분위기였는데 나연이가 던진 농담 덕분에 모두들 한바탕 웃을 수 있었어.

"우와, 나연이는 수학책만 읽는 줄 알았는데 그런 말은 어디서 들었어? 대견하네. '인간은 생각하는 갈대다.' 너네 혹시 이 말을 누가 한 건 줄 아니?"

영석 형의 질문에 나연이는 고개를 끄덕이며 말했어.

"프랑스의 철학자 파스칼이 한 말이잖아요. 어쩌면 파스칼도 흔들리는 갈대를 보고 성원이 같은 생각을 했는지도 몰라요."

"파스칼? 파스칼은 파스퇴르의 형인가? 그렇담 그 집안은 파스 집안이네? 막내 동생 이름은 파스텔? 아니면 파스타?"

나의 썰렁한 농담에 나연이가 눈을 흘겼어. 어쭈, 저게?

영석 형이 빙그레 웃으며 말을 이었어.

"너의 예리한 관찰력은 높이 사지만 그 둘은 엄연히 다른 집안 사람이란다. 하지만 파스칼도 철학자이기 이전에 파스퇴르 같은 과학자였지. 수학 이론 중에 '파스칼의 정리' 라고 들어 보았지?"

"악! 여기에 와서까지 수학 얘기를 듣다니!"

귀를 막는 나를 보며 성원이가 웃었어.

"형, 근데 과학자였던 파스칼이 나중에 철학자가 되었다는 게 참 신기해요. 과학과 철학은 너무 동떨어진 학문 아닌가요?"

성원의 말을 이어 나연이도 질문 공세에 들어갔지.

"그러게, 나도 이상하게 생각했었어. 맞다! 그러고 보니 오빠도 원래 이공계 대학을 졸업하고 얼마 전까지 연구소에 연구원으로 있지 않았어요? 그런데 왜 지금은 신학을 공부하고 계신 거예요?"

"녀석들, 언제부터 이렇게 호기심이 많았어? 우선 나연이 질문부터 답해 줄게. 연구소에서 연구만 하던 내가 신학으로 전공을 바꾸게 된 것은 어떤 사건이 있었기 때문이지. 좀 더 직접적으로 말하자면 당시 이공계 연구원이었던 내가 논리적이고 과학적인 이성적 사고로는 극복할 수 없는 시련을 맞았던 거지."

"시련? 안 좋은 일이었어요?"

"무슨 큰일 있었어요?"

심상치 않은 듯한 형의 과거사가 나오자 나랑 나연이가 동시에 물었어.

"있었지."

"뭔데요?"

"뭔데요?"

쌍둥이라고 광고하는 것도 아니고, 왜 꼭 동시에 똑같은 반응이 나오는 거야? 나연이와 난 서로를 흘겨보곤 다시 형을 바라보았어. 형이 씩 웃으며 가까이 모이라는 손짓을 하기에 우린 사뭇 긴장해서 머릴 모았지. 그러자 형은 마치 국가 기밀이라도 발설하는 것처럼 비장한 표정으로 이야기하더군.

"난 눈이 하나야."

"네?"

"에에?"

"뭐라고요?"

우리가 입을 떡 벌리며 놀라자 형은 손사래를 치며 웃었어.

"하하. 사실 내 왼쪽 눈은 거의 시력이 없어. 실험을 하다가 그만 사고가 나서 강한 화학 용액이 눈에 들어갔거든."

"어머나, 저걸 어째?"

나연이가 인상을 잔뜩 찌푸렸어.

"그 사고는 내 삶의 큰 전환점이 됐어. 사실 그 사고가 있기 전까지 나는 인간이 지닌 이성의 힘으로 모든 것을 밝혀내고 해결할 수 있다고 믿고 있었거든."

"형도 나연이 같은 과학적 인간이었군요? 설마 나연이처럼 만날 수학책만 보고 그랬던 건 아니죠? 헤헤."

장난스럽게 던진 내 말에 영석 형이 미소를 지어 주어서 난 기분이 좋았어.

"그래, 과학적 인간이었지. 하지만 인간이 지닌 이성의 힘만을 믿던 나에게 왼쪽 눈의 실명은 정말 커다란 계기가 되었어. 그 정신적 고통은 결코 나의 이성과 사유의 힘으로는 해결될 수가 없는 것이었단다. 아무리 이성적이고 과학적인 논리로 그 고통을 해명하고 치유하려고 해도 정답을 찾을 수가 없었지. 과학적 연구니 논리적 증명이니 이런 방식들의 한계를 느낀 나는, 과연 무얼 찾아 어디로 갔겠니?"

"신학으로 바꿨다면서요? 신을 찾아 하늘로 갔나요? 하하."

"바로 그거야. 인간이 자기 능력의 한계를 느끼면 전지전능한 신의 도움을 바라게 되지. 그래서 형도 신학을 공부하게 된 거란다. 그 와중에 파스칼도 알게 된 거지."

"생각해 보니 파스칼과 형은 둘 다 과학자에서 출발해서 철학자와 신학자로 바뀌었네요?"

와, 성원이의 말을 듣고 보니까 정말 그러네?

"우연히도 그렇지? 그 이유도 사실 비슷하단다. 아까 나연이가 말했던 '인간은 생각하는 갈대다.' 라는 말은 파스칼의 핵심 명제지.《팡세》라는 파스칼의 책에 나온 말이야."

"생각하는 갈대라. 참 멋있는 말 같아요, 형. 생각할 수 있다는 것이 인간을 인간답게 하는 가장 근본적인 힘이라는 걸 어디서 들은 적이 있어요."

"그럼. 나빈이 말처럼 인간이 생각하고 사유할 수 있다는 것은 참 중요하지. 갈대처럼 비록 바람 앞에 나약한 존재이지만 '생각'할 수 있기 때문에 의미가 있는 거란다."

영석 형의 말을 열심히 경청하던 성원이가 진지하게 말했어.

"형, 저 파스칼에 대해 더 자세히 알고 싶어요. 인간은 생각하는 갈대란 말이 머릿속에서 떠나질 않아요. 사실 요즘 병원에서 생활하는 게 너무 힘들거든요. 몸이 건강하지 못하니까 작은 공구 하나도 들기가 힘들어서 발명은 엄두도 못 내고 있었어요. 하지만 제가 힘든 내색을 하면 모두가 더 힘들어지니까 그냥 웃고 말아요……."

울음 때문에 성원이의 말이 끊기고 말았어. 녀석은 처음으로 우리에게 속내를 털어놓은 거야. 웃음 속에 꼭꼭 감춰 두었던 슬픔이 드디어 녀석의 밖으로 표출된 거지. 난 울음보가 터진 성원을 말없이 안아 주었어. 그리고 성원이가 울음을 그치는 동안 혼자 곰곰이 생각했던 제안을 꺼내 보았지.

"영석 형, 저도 파스칼이랑 빵세인가 팡세인가에 대해 더 알고 싶어요. 그런 맥락에서 파스칼에 대해 이것저것 함께 이야기하는 모임을 결성하는 게 어떨까요?"

"네, 저도 좋아요. '파스칼의 정리'는 어릴 때부터 훌륭한 수학 이론이라고 들어 왔었는데. 파스칼에 대해 더 많이 알고 싶어요."

수학, 수학, 수우우학. 나연이의 수학 타령에 눈살이 찌푸려졌지만 그래도 결국은 나와 같은 생각이었기 때문에 난 기분이 좋았어.

"그래, 그러면 우리 '갈대 팡세 프로젝트'를 시작해 볼까? 일정하게 시간을 정해서 함께 파스칼과 그의 사상에 대한 공부를 하는 거야. 파스칼에 대한 여러 가지 생각을 나누다 보면 지금 우리에게 닥친 여러 가지 고민을 해결할 수 있을지도 몰라."

영석 형이 제안한 '갈대 팡세 프로젝트'에 성원이와 나연이의 눈빛이 반짝거렸어. 아마 지금 내 눈빛도 그렇겠지?

성원이가 웃으면서 말했어.

"네! 좋아요, 형. 저는 과학자였던 파스칼이 철학에 관심을 갖게 된 배경을 꼭 알고 싶어요. 과학과 철학은 서로 거리가 먼 학문이잖아요."

3 '갈대 팡세 프로젝트'를 결성하다

노을 진 갈대 밭에서 결성한 우리의 '갈대 팡세 프로젝트'! 나와는 다소 거리가 먼 철학자였고 더구나 한때는 유명한 수학자인 동시에 과학자였던 파스칼이었지만, 그가 말한 '인간은 생각하는 갈대다.' 라는 말이 워낙 인상적이라 내 머릿속에 오랫동안 남을 것 같았어.

우리는 '갈대 팡세 프로젝트' 결성을 기념하기 위해 근처 매점에서 몇 개의 음료수와 과자를 샀어. 그리고 영석 형의 차 안으로 들어가서 먹기로 했지. 난 마치 어른들이 하는 것처럼 멋지게 캔 뚜껑을 땄어.

"갈대 팡세 프로젝트의 성공을 위하여!"

성원이가 먼저 건배를 제의하는 걸 보니 가장 기대가 되나 봐.

"위하여!"

나와 나연이와 영석 형은 키득거리며 건배를 제창했어. 어스름이 깔려 내려오는 늦가을의 저녁 풍경이 이토록 아름다웠다니, 전에는 미처 깨닫지 못했어.

원활한 프로젝트의 진행을 위해 우리는 다음과 같은 실행 조항을 정했어. 한번 볼래?

1. 프로젝트명 : 갈대 팡세 프로젝트

2. 목　　　표 : 현재 자신의 문제점을 진단하고 이야기를 나눔으로써 그 해결 방법을 함께 고민한다. 이와 더불어 파스칼의 사상에 대한 여러 가지 자유로운 얘기를 나눈다.

3. 시간 / 장소 : 모임은 주 1회로 하되 사정이 있을 땐 모두의 합의 하에 쉴 수도 있다. 모임 장소는 매

주 일요일 3시 성원이 병실 앞 휴게실.

4. 규   정 : 무단으로 결석이나 일탈 행동을 했을 시 모
              두가 만족할 만큼의 간식과 음료를 제공해
              야 한다.

5. 기   간 : 팀원 모두가 원하는 기간까지 합의하여 결
              정한다.

"뭐 빼먹은 것 없나? 잘 생각해 봐. 난 확실한 게 좋거든. 몇 가
지 조항 더 추가할까?"

나연이의 말에 모두들 고개를 절레절레 내젓는 분위기가 된
건 말 안 해도 알겠지? 녀석은 일을 왜 이렇게 복잡하게 만드는
거야.

"이 정도면 충분할 것 같은데? 부족한 게 있으면 그때그때 안건
을 내서 고치면 되니까."

"영석 형, 지당하신 말씀이에요. 나연이의 저 집요함은 언제나
끝이 나려는지. 꼭 학원 수학 선생님을 닮았다니까."

"박나빈, 뭐라고? 내가 그 깐깐한 여자 선생님을 닮았다고? 이
게 정말!"

나연이가 내 머리통을 쥐어박았어. 우리가 막 본격적으로 말싸움을 시작하려고 할 때, 영석 형이 웃으며 병원에 돌아갈 시간이라고 우리를 말렸어. 그래서 모두 다시 차를 타고 주차장에서 빠져 나오는데 차창 밖으로 게시판에 붙은 과학 발명품 경진 대회 포스터가 보이는 거 있지. 무의식적으로 성원이의 얼굴을 살핀 순간, 난 그만 슬프고 우울한 빛이 성원이의 얼굴에 스치는 걸 보고 말았어. 하지만 성원이는 나와 눈이 마주치자 다시 환한 웃음을 지어 보였어. 슬픈 해피보이 최성원.

파스칼은 어떤 사상가일까

17세기 프랑스의 근대 철학을 대표하는 파스칼은 수식어가 많습니다. 수학자이자 물리학자이며 발명가요, 또 철학자이자 신학자입니다. 파스칼은 12세 때 유클리드 기하학을 혼자 깨우치고는 16세에 〈원뿔곡선에 관한 시론〉이라는 소논문을 써서 출판하였다고 합니다. 그리고 유클리드 이래로 가장 뛰어난 기하학 연구자라는 소리를 들었다고 하지요. 당시 수학자로 이름이 나 있던 파스칼의 아버지는 파스칼의 재능에 놀라, 유클리드 기하학에 관한 자료를 제공해 주며 함께 연구했다고 합니다.

19세에 파스칼은 계산기를 발명했습니다. 이 발명 역시 획기적이었지요. 세무서 관리였던 아버지가 업무를 편리하게 하실 수 있도록 계산을 대신 해 주는 기계를 발명한 것인데, 이 발명은 새로운 자연 과학의 업적으로 남게 되었습니다. 파스칼은 자신의 20대 시기동안 오로지 수학에 몰두하며 확률 이론, 수 이론 및 기하학 연구에 모든 것을 바쳤다고 합니다.

그런 파스칼은 31세의 어느 날(1654년 11월 23일 밤 10시 30분부터 12시 30분까지) 엄청난 종교 체험을 하게 됩니다. 그는 번쩍이는 섬광에 휩싸여서 야곱과 이삭의 신, 아브라함과 예수의 신을 체험하며 기쁨과 평화와 확실성을 맛봅니다. 그리고 이를 통해 파스칼은 수학과 물리학이 확실성을 가질 수 있는 근거, 즉 자연에 관해서 확실한 지식을 가져다줄 수 있는 것은 다름 아닌 신앙의 진리, 바로 심정의 진리라고 확신하게 됩니다.

파스칼은 기하학적 방법론에 필요한 제일의 근본 원리도 오로지 신으로부터 계시를 받아야만 발견할 수 있다고 생각했습니다. 파스칼의《팡세》는 인간의 유한한 수학적, 물리학적 지식이 어떻게 신의 본능과 계시에 의해서 보장받을 수 있는지를 잘 말해 줍니다.

기다려라, 파스칼! 우리가 간다!

우리는 이성에 의해서 뿐만 아니라 심정에 의해서도 진리를 안다. 우리들이 제일원리들을 아는 것은 두 번째 방법에 의해서이다.

― 블레즈 파스칼

1 수학과 물리학의 천재 파스칼

'갈대 팡세 프로젝트'의 첫날.

나연이와 나는 예배를 드리고 나서 영석 형의 차를 타고 성원이가 있는 병원으로 향했어. 성원이는 이미 병원 로비에서 우리를 기다리고 있었어.

"여기야, 나연아."

성원이가 손을 흔들었어. 녀석, 나와 영석 형은 안 보이나? 남자들이란 역시 여자에 약해. 흐흐, 그런데 나연이도 여자인가? 하긴 목욕탕 갈 때 여탕으로 들어가긴 하지.

"나빈이 녀석, 또 무슨 상상하는 거야?"

피, 역시 영석 형은 나의 빈틈을 귀신같이 알아챈다니까. 나는 대충 말을 얼버무리고 성원이와 함께 휴게실로 향했어.

"드디어 오늘이 '갈대 팡세 프로젝트'의 첫날이네. 우리가 뭔가를 하긴 하는구나. 형은 우리들이 이 모임을 통해 서로에 대해 좀 더 깊이 알아 가고 삶에 대한 이런저런 얘기를 자유롭게 나눌 수 있었으면 좋겠어. 어차피 파스칼의 철학 역시 우리 삶과 멀리 떨어져 있는 것이 아니거든."

영석 형의 말을 들으니 나는 한결 마음이 놓였어. 사실 이 프로젝트를 하자고 말은 꺼내 놨지만 내가 과연 잘할 수 있을까 걱정했었거든. 내가 이런 생각을 하며 안도의 한숨을 내쉴 때쯤 성원이도 입을 열었어.

"휴우, 다행이다. 난 솔직히 우리가 재미없고 고리타분한 얘기만 하는 게 아닌가 하고 내심 걱정했었어요. 히히."

하하, 역시 성원이는 내 친구야. 내가 하고픈 말을 어쩌면 이렇게 콕 집어내는지.

"녀석들, 철학이라고 하니까 겁먹었던 게로구나. 그럼 편하게 하고 싶은 이야기를 하면서 우리 모임을 시작해볼까? 우리 해피보이는 그동안 잘 지냈던 거야?"

"그럼요, 형. 재밌고 유익한 한 주였답니다. 참, 근데 저 오늘 아침에 굉장히 충격적인 일이 있었어요."

"그게 뭔데?"

"글쎄, 옆 병실 꼬마 아이가 장난감을 입에 넣고 놀다가 그만 잘못해서 장난감이 식도로 넘어 가는 바람에 병원이 발칵 뒤집어졌지 뭐예요? 아이 엄마가 울고불고 하는데 정말 난리도 아니었어요. 휴우, 꼬마가 잘못될까 봐 얼마나 가슴을 졸였던지 지금 생각해도 가슴이 떨려요."

성원인 그때의 기분을 다시 느끼는 것처럼 가슴을 한 차례 쓸어 내렸어.

"어머머, 그래서 어떻게 됐니? 혹시 잘못된 건 아니지? 장난감은 빼긴 뺀 거야?"

그럼 그렇지, 성격 급한 박나연이 성원이가 숨을 고를 틈을 줄 리가 없지.

"응, 다행히도 장난감은 뺐어. 그런데 어떻게 장난감을 빼 냈는지 알아?"

"글쎄, 집게 같은 기구를 사용하지 않았을까? 병원이니까 그런 기구가 많잖아."

내 말에 성원이는 고개를 가로저었어.

"아냐."

"그럼 뭔데?"

"신기하게도 한유나 선생님이 꼬마 아이의 배를 있는 힘껏 몇 번 눌렀더니 장난감이 입 밖으로 튀어 나온 거 있지!"

"정말? 한 선생님 겉보기에는 연약하게 생기셨는데 힘이 무지 센가 보네. 한 선생님 남자 친구는 조심해야겠다. 헤헤."

내 말에 모두들 까르르 웃었어.

"그런 일이 있었구나. 근데 너희들 방금 성원이가 말한 사건이 파스칼 이론과 밀접하게 관련되어 있다는 것 알고 있니?"

형의 말에 모두들 눈이 휘둥그레졌어. 우리는 동시에 새끼 제비처럼 입을 모아 말했어.

"뭐가요?"

"뭐긴, 배에 압력을 가해서 장난감을 빼낸 거 말이야. 그게 바로 그 유명한 파스칼의 원리를 활용한 거야."

"와! 그게 파스칼의 원리였어요? 근데 배에 압력을 가해서 식도에 걸린 장난감을 빼내는 게 파스칼의 원리와 무슨 상관이 있어요?"

으으, 궁금둥이 나연 양의 질문이 드디어 시작됐구나.

"이번 일은 한 선생님이 배를 누르자 그 압력이 아이의 내부에 전해져서 장난감이 열린 입 밖으로 튀어나오게 된 건데, 이러한 응급조치는 '밀폐된 그릇 안에 있는 유체의 일부분에 가해지는 압력은 줄어들지 않고 유체 전체로 전해진다.'는 파스칼의 원리를 활용한 거란다."

영석 형의 말을 듣다보니 머리가 갑자기 아파 왔어. 역시 난 과학적 마인드는 전혀 없는 게 분명해. 하지만 저것 봐. 나연이의 눈에는 불이 들어오잖아.

"오빠, 그럼 파스칼의 원리를 생활에 적용한 또 다른 예가 있어요? 우리들이 쉽게 이해할 수 있는 걸로요."

"음, 또 뭐가 있을까? 우리 같이 한번 생각해 볼까?"

"형! 혹시 치약 튜브에 압력을 가해서 치약을 짜는 것도 파스칼의 원리가 활용된 거예요?"

"응. 성원이가 잘 말했어. 파스칼의 원리에 따라 치약 튜브의 아랫부분을 누르면 그 압력이 튜브 속의 치약 전체에 똑같이 전해지

고, 치약 내부의 압력에 의해 치약이 밖으로 나오게 되는 거야."

"우와, 그게 파스칼의 원리였어요? 생각보다 파스칼의 원리가 우리랑 가까이 있었네요."

내 말에 영석 형이 미소를 지었어.

"이밖에도 우리 주변에서 파스칼의 원리를 활용한 예는 무수히 많아. 또 무슨 예가 있을까? 아, 맞다. 자동차 브레이크. 아무리 큰 차라 할지라도 브레이크를 밟으면 차가 멈춰 서잖아. 그것 역시 파스칼의 원리를 활용한 거야."

영석 형은 브레이크를 밟는 흉내까지 내며 열성적으로 말했어.

"맞다, 맞아. 그 작은 브레이크로 엄청난 무게의 차가 멈춘다는 게 정말 신기했는데. 그것도 파스칼의 원리를 이용한 것이었구나."

미래의 과학도답게 성원이가 눈을 반짝이며 말했어.

"그렇단다. 자동차의 유압 브레이크 역시 파스칼의 원리를 응용한 거지. 운전자는 단지 브레이크에만 압력을 가하지만 파스칼의 원리에 따라 그것은 결국 차체 전체에 압력을 가하는 효과를 가져오는 거야."

파스칼은 정말 대단한 사람인가 봐. 몇 백 년 전에 발견한 이 원리를 우리가 아직도 쓰는 걸 보면 말이야. 나빈이도 영석 형의 설명을 들으며 의미심장하게 고개를 끄덕였어. 역시 내 동생 나연이야. 자다가도 수학과 과학이라는 말만 들으면 눈을 번쩍 뜨는 애라니까. 일주일 전에 본 수학 경시 대회에서도 1등을 해서 서울시 대회에 대표로 나간대. 나중에 나연이가 결혼을 해서 아기를 낳으면 첫째는 수학, 둘째는 과학이라고 이름 지으면 되겠다. 흥.

갖가지 상상을 하며 히죽거리는 내 얼굴 표정을 보았는지 나연이가 주먹을 들어 올렸어. 나는 애써 나연이의 주먹을 외면할 수밖에 없었지. 잘못하면 태권도로 다져진 저 강철 주먹에 다치는 수가 있거든. 에휴. 나는 얼른 말을 돌렸어.

"형, 후세에 철학자로서 존경받는 파스칼이 과학적으로 이렇게 훌륭한 발견까지 했다니 신기해요. 철학과 과학은 참 다르잖아요. 그러고 보면 파스칼은 정말 대단한 사람인 것 같아요."

"그럼, 대단하고말고. 파스칼은 수학자로서도 많은 이론을 정립했어. 그건 아마 나중에 수업 시간에 종종 배울 수 있을 거야. 하하. 애들아, 나빈이 얼굴 좀 봐, 수학 얘기 나오니까 벌써 반응이 나오는데? 하하하."

영석 형의 말에 나는 그만 얼굴이 홍당무가 되고 말았어. 수학에 대한 나의 무조건 반사는 아무도 못 말릴걸. 수학과 나의 관계는 음, 삼겹살을 찍어 먹는 기름장의 참기름과 소금처럼 잘 섞이지 않는 관계라고나 할까. 그런데 삼겹살 얘기가 나오니 슬슬 배가 고파지는 걸.

"형, 병이 나으면 나중에 프랑스에 꼭 가고 싶어요. 도대체 그 나라는 어떤 나라이기에 이렇게 훌륭한 인물이 나올 수 있었는지 궁금해요. 그때쯤은 저도 커서 그 유명한 프랑스 와인도 마실 수 있겠죠? 헤헤헤. 그때 꼭 잊지 말고 한 잔 해요, 형. 아니다. 형이랑 마시면 재미없겠다. 예쁜 프랑스 누나들이랑 마셔야지. 헤헤."

"하하. 그거 상당히 의심스러운 걸? 파스칼처럼 훌륭한 사람이 나온 나라라서가 아니라 예쁜 누나들 보려고 가고 싶다는 거 아니야?"

"앗, 너무 적나라하게 들켰네요!"

성원이의 말에 모두들 웃자 나연이가 말을 보탰어.

"나는 프랑스가 예술가의 나라인 줄만 알았는데. 이렇게 과학, 수학, 철학에 두루 능한 사람이 있었다니, 놀라운데? 오빠, 저도 프랑스에 가 보고 싶어요. 제가 대학생 되면 우리 다 같이 프랑스로 배낭 여행가요, 네?"

그러자 영석 형이 난처한 표정으로 말했어.

"하지만 나연아, 그때쯤엔 오빠 나이가 30대 중후반일 텐데 그때도 같이 가자고 할 수 있을까? 잘 생각해 보고 결정해라. 하하하! 그건 그렇고, 오늘은 여기서 '갈대 팡세 프로젝트'를 일단락 지을까?"

"좋아요. 그럼 우리 이제 피자를 주문해서 꼬르륵거리는 배를 달래도록 해요."

오호, 나연이에게 이런 말을 하는 센스가?

"그래요, 형! 그렇지 않아도 제 배가 전보를 치고 있었어요."

나의 농담을 끝으로 첫 번째 모임은 이렇게 끝이 났어. 휴게실의 창문 사이로 들어오는 햇볕이 참 따스하다는 느낌이 들었어. 나도 점점 파스칼의 삶 속으로 빠져 들어가는 것 같아.

2 영석 형의 첫사랑

"이야! 나연이 오늘 쓴 모자 정말 예쁜데? 역시 동생은 여동생이
제일이지. 나도 우리 엄마한테 늦둥이 여동생 하나 낳아 달랄까?"

"하하하!"

성원이의 농담 덕분에 두 번째 '갈대 팡세 프로젝트' 모임은 한
바탕 웃음으로 시작되었어. 나연이는 부끄러웠는지 볼이 발그레
해졌고. 역시 성원이는 사람을 기분 좋게 만드는 재주를 가지고
있는 아이야. 나는 성원이의 그런 점이 참 좋더라.

"어, 너희 오늘은 먼저 와 있었구나. 형이 예배 끝나고 교사들 모임이 있어 좀 늦었더니, 그새를 못 참고 먼저 왔니. 괜히 미안해지게."

영석 형은 역시 젠틀맨이야. 나연이가 영석 형을 좋아하는 것은 바로 저 선한 미소 때문일 거야. 박나연 이 녀석, 꼬투리만 잡혀 봐라. 내가 영석 형에게 모든 걸 밝히겠다고 그러면 나연이는 난리가 나겠지? 히히.

영석 형이 우리를 둘러보면서 말했어.

"오늘은 누구의 이야기로 우리 모임을 시작해 볼까?"

"오빠가 얘기해 주시면 안 돼요? 날씨도 이렇게 좋은데 첫사랑 이야기 해 주세요, 네?"

나빈의 말이 끝나자마자 나도 한마디 거들었어.

"맞아요, 형. 저도 궁금해요. 형이 어떤 누나랑 어떻게 좋아했는지. 호호호."

사실 난 요즘 들어 부쩍 남녀의 애틋한 감정에 사로잡혀 있는 중이야. 드라마나 시트콤을 볼 때도 남자랑 여자가 서로 좋아하고 아껴 주는 모습을 보면 내 첫사랑이 점점 기대가 돼. 혹시 알아? 영석 형의 경험담이 나중에 도움이 될지.

"쪼그만 녀석들이 별걸 다 궁금해 하네. 그건 형의 프라이버시야. 형의 가슴 속에 살짝 감추어 두고 싶다고."

"형, 저는 우리들 사이에 비밀이 없었으면 좋겠어요. 비밀을 나누면 서로 더 깊이 알 수 있잖아요. 서로에 대해 알아 가는 것, 그게 우리 모임의 목적이기도 하잖아요?"

성원이의 똑 부러지는 말에 영석 형은 난감해 하는 눈치였어.

"으이그. 졌다, 졌어. 아무한테도 말하지 않은 첫사랑 얘기를 너네 같은 꼬마들에게 털어놓게 되다니. 참, 알 수 없는 게 사람 사는 인생이다. 하하."

"야호! 성공이다!"

우리는 서로 눈빛을 교환하며 환하게 웃었어. 맞아, 친한 사이에는 비밀이 있으면 안 돼. 우리는 모두 친구잖아.

"음, 어디서부터 시작하면 될까? 그래, 대학교 3학년 때였어. 만원 버스를 타고 수업을 들으러 가는 길이었지. 사람이 어찌나 많았던지 내 몸의 절반은 공중에 떠 있었어. 간신히 몸을 지탱하고 있는데 엎친 데 덮친 격으로 버스 앞에 갑자기 택시가 끼어들어서 버스가 급정차를 한 거야."

"와, 장난이 아니었겠네요. 저도 그런 적 있어요. 사람이 별로 없는 버스였는데, 아저씨가 급정거하는 바람에 맨 뒷자리에 앉아서 침 흘리고 자다가 뚝 떨어졌어요."

"맞아, 나빈이 그때 되게 웃겼는데. 생생히 기억 나. 호호."

나연이의 말을 듣고 나는 약간 화가 났어. 나는 그때 얼마나 아팠는데.

"그럼 나빈이는 그런 상황을 더 잘 이해하겠구나. 그때 형은 버스가 급정거하는 바람에 몸의 균형을 잃고 말았어. 그래서 용을 쓰며 버스 손잡이를 잡으려다가 그만 한 여학생이 잡고 있는 손잡이를 잡고 만 거야. 그런데 형이 그 손잡이를 너무 세게 잡는 바람에 그만 그 버스 손잡이가 떨어진 거 있지."

"하하. 그 언니 정말 창피했겠어요. 낯선 남자가 손을 잡지를 않나, 버스 손잡이가 떨어지지 않나. 다들 그 언니가 힘이 좋아서 버스 손잡이가 떨어졌다고 생각했을 것 아니에요."

"그렇단다. 그 여학생은 그만 울상이 되고 말았지. 안절부절못하고 있더니 떨어진 버스 손잡이를 들고 다음 정류장에서 급하게 내리더라. 나에게 사과할 기회도 주지 않고 말이야."

"그래서 어떻게 했어요? 따라 내렸어요?"

나는 그 이후가 너무 궁금했어. 사랑은 타이밍이라는데 말이야.

"응. 얼른 쫓아 내렸지. 그 여학생은 내가 불러도 뒤도 보지 않고 화난 사람처럼 막 가더라고. 근데 너무 당황해서인지 버스 손잡이를 그냥 들고 가는 거야."

"하하, 사람들이 죄다 쳐다봤겠다. 쉽게 볼 수 없는 광경이잖아요."

"응, 그랬어. 그래서 내가 얼른 달려가서 우선 그 버스 손잡이를 내 가방으로 가려 주고 사과를 했어."

"그 누나가 사과를 받아 주었나요?"

호호, 성원이도 남녀의 사랑 이야기에 열성적인걸. 하긴 우리는 지금 사춘기잖아.

"처음에는 말도 안하다가 내가 계속 쫓아가니까 괜찮다고 하더라고. 그래서 정중히 사과하고 맛있는 식사를 대접하고 싶다고 했지."

"사실 오빠는 사과보다는 그 언니에게 더 관심이 있었나 봐요. 그렇죠?"

"헤헤! 들켜버렸네. 맞아. 그래서 열심히 쫓아다녔어. 처음에는 만나 주지도 않았지. 하지만 진심은 결국 통하는 법, 우리는 곧 캠퍼스 커플이 되어 늘 함께 붙어 다녔어."

"아하! 말로만 듣던 CC네요!"

"그렇지. 우리는 함께 도서관에서 공부하고 영화도 보면서 서로를 점점 사랑하게 되었어. 특히 난 그녀가 가정 형편 때문에 공부를 못 마친 사람들에게 야학에서 공부를 가르쳐 주는 모습을 보고 많은 감동을 받았어. 타인에게 사랑을 나누어 주는 모습이 참 아름다웠지. 그런 그녀를 어떻게 사랑하지 않을 수 있었겠니?"

영석 형은 잠시 눈을 감았어. 아마도 그 누나가 생각나나 봐.

"그런데 우리 사랑은 이루어지지 못했어."

그 한마디를 덧붙이는데 영석 형의 눈꺼풀이 바들바들 떨리고 있었어. 보이는 오른쪽 눈뿐만 아니라 보이지 않는 왼쪽 눈에서도 눈물이 고여 드는 게 보여서, 난 그저 어쩔 줄을 모르고 있는데 눈치 빠른 성원이가 얼른 분위기를 전환하기 위해 말을 이었어.

"형, 원래 첫사랑은 그렇대요. 이룰 수 있다면 그건 첫사랑이 아니라고 들었어요. 이룰 수 없기 때문에 첫사랑이 더 소중한 거 아니겠어요?"

"녀석, 형 위로해 주는 거야? 이젠 괜찮아. 벌써 오래된 이야기인 걸. 하하."

일부러 크게 웃는 영석 형의 얼굴이 왠지 안쓰러웠어.

"오빠, 근데 왜 헤어졌는지 물어 봐도 돼요?"

나연이가 조심스레 영석 형의 눈치를 보며 말했어.

"그래, 그 이유를 아직 말하지 않았지. 대학 졸업 후 형은 대학원에 진학했지. 매일 연구에, 공부에, 그야말로 정신없는 삶을 살았어. 그래도 틈틈이 그녀와 만나 사랑을 키웠고, 미래도 약속했어. 그런데 그때쯤 결정적인 그 사건이 일어난 거야."

"사건이요?"

우리의 눈이 동시에 휘둥그레졌지.

"너희 지난번에 형이 실험하다가 한 쪽 눈의 시력을 잃었다고 말했던 거 기억하지?"

"네, 형."

"그래. 사고가 있던 날도 난 늘 그렇듯이 연구소에서 실험을 하고 있었어. 그날 실험을 마치고 그녀와 만나기로 약속이 되어 있었거든. 프러포즈를 할 계획이었지. 그래서 급한 마음에 좀 서둘러서 실험을 하다가 그만 실수를 해서 위험한 유독성의 용액이 폭발하는 사고를 당하게 된 거야."

"그래서 어떻게 되었어요?"

"다행히 지금은 한 쪽 눈을 볼 수 있게 되었지만, 그 당시에 담당 의사 선생님은 두 눈이 다 실명될 수도 있다고 말했어. 그 사실을 안 그녀의 가족들이 그녀를 나에게서 떼어 놓았지. 눈이 보이지 않는 사람과 어떻게 살 거냐고 하면서 말이야. 결국 내가 병원에서 사경을 헤매는 동안 그녀는 가족들의 압력을 못 이겨 외국으로 유학을 가게 되었고, 그곳에서 어느 교포와 결혼을 했다고 들었어. 사랑이란 게 참 우습더라. 휴우."

"실명의 위기에, 사랑하는 사람과도 헤어지게 되었으니 정말 힘들었겠어요."

난 정말 영석 형이 가여웠어. 그런 아픔이 있었구나. 그래, 사람들은 모두 각자 아픈 상처를 안고 살아가는 거라고 어디서 들은 것 같아.

"이제는 괜찮아. 다행히 한 쪽 눈의 시력은 잃지 않았고, 그래서 지금 너희들의 예쁜 얼굴을 볼 수 있잖아. 하지만 그때는 정말 힘들었어. 난생 처음 사랑했던 사람과 헤어지는 경험을 했으니까."

영석 형의 말을 들으며 나는 나도 모르게 눈가가 촉촉이 젖었어.

"정말 그랬겠네요."

나연이도 풀이 죽어 말했어.

"으이그, 왜 이리 줄줄 새는 수도꼭지들이 많아? 난 괜찮다니까.

그런 힘든 경험들은 내 삶의 새로운 전환점이 되었어. 사랑하는 사람과의 이별과 실명될지도 모르는 상황의 고통 앞에서 난 그저 무력한 인간일 뿐이었고, 내가 맹신했던 이성은 그런 문제들에 대해 대답해 주지 못했지. 그래서 내가 신학도로서의 삶을 결심했던 거란다. 난 신학 안에서 더 깊은 진리의 세계를 만날 수 있다고 생각해. 지금은 열심히 인간의 삶의 의미와 신에 대해 고민하면서 살고 있단다.”

영석 형의 얘기를 다 듣고 난 우리는 다들 숙연해졌어. 이성으로 해결할 수 없는 문제들이란 뭘까? 사랑의 감정은, 또 이별의 감정은 어떤 것일까? 만약 내 눈이 실명된다면? 이런 생각들이 꼬리를 물고 이어졌어.

“이제 속이 시원하냐? 형이 꽁꽁 감추어 두었던 첫사랑 얘기 들어서? 근데 이상하다. 어째 내 속이 더 시원하니.”

“오빠가 그렇담 저희도 대만족이에요. 괜히 미안해지려는 참이었는데.”

나연이가 머리를 긁적이며 웃고 우리도 덩달아 멋쩍게 웃었어. 그날 우리는 서로의 마음을 보여줄 때 좀 더 깊이 상대방을 이해할 수 있다는 것을 마음으로 느꼈던 것 같아.

영석 형은 교회에 일이 있어서 먼저 병원을 떠났어. 영석 형이 가고 난 후 우리는 또 다른 프로젝트를 결성했어. 영석 형의 마음을 따뜻하게 감싸줄 그런 누나를 찾아보자고 말이야. 처음엔 나연이도 머뭇거리더니 곧 흔쾌히 오케이 하더라고. 그리고 성원이의 제안으로 성원이의 주치의 선생님인 한 선생님이 1순위로 거론되었지. 하여튼 영석 형이 빨리 좋은 누나를 만났으면 좋겠어. 헤헤.

3 수학이 뭐기에

"형, 저는 정말 수학이 너무너무 싫어요. 수학을 왜 배우는지 모르겠어요. 기본적인 계산만 할 줄 알면 되잖아요."

그날 모임은 나의 수학에 대한 푸념으로 시작되었어.

"나빈아. 세상을 하고 싶은 일만 하고 살 수는 없잖아. 더구나 아직 너는 배우는 과정에 있는 학생이기 때문에 이것저것 골고루 배워둬야 할 필요가 있어. 그래야 네가 진정으로 원하는 삶을 찾을 수 있지."

영석 형이 내 어깨를 다독거리며 말했어.

"오빠, 아무리 해도 소용없어요. 쟤는 수학의 '수' 자만 들어도 경기를 일으키거든요. 도저히 이해가 안 돼요. 수학이 얼마나 재미있는데."

나연의 말을 듣고 있으니 슬슬 화가 치밀기 시작하더라. 그때 나를 달래준 것은 해피보이 성원이었어.

"워워. 진정해. 사람마다 다 개성이 다르고 적성이 다르잖아. 그러니까 자기와 다르다고 그 사람을 나무랄 수는 없어. 사람들 사이의 차이를 인정하는 것이 중요하다고 어떤 책에서도 그러던걸."

역시 성원이는 속도 깊고 아는 것도 많아. 같은 나이인데도 은근 존경스럽다니까.

"그럼 오늘은 왜 나빈이가 수학을 싫어하는지 그 이유를 들어 볼까? 나빈아, 오늘만큼은 네가 싫어하는 수학에 대해 하고 싶은 말을 다 해 봐."

나는 영석 형의 제안이 반가웠어. 누구나 내가 수학이 싫다고 하면 그 이유도 들어 보지 않고 공부하기 싫어서 하는 소리라고 구박만 했었거든.

"네! 좋아요. 형."

나연인 못마땅한 눈치였지만 성원이까지 내 편을 들어주니 난 한결 용기가 났어.

"제가 처음부터 수학을 싫어한 것은 아니었어요. 이래뵈도 초등학교 2학년까지는 수학 경시 대회에서 상도 타고, 100점도 받고 했었다고요."

"그래? 근데 왜 갑자기 수학이 그렇게 싫어진 거야?"

"3학년 때인가 제가 꼭 사고 싶은 게임 시디가 있었어요. 엄마는 수학 경시 대회에서 100점을 받으면 그 게임 시디를 사 주신다고 약속하셨죠. 그래서 전 게임 시디를 사기 위해 정말로 열심히 공부했어요. 하지만 결과는 예상과 달리 정말로 형편없는 점수였어요. 전 큰 충격에 빠졌어요. 게임 시디는 물 건너가고 나랑은 대조적으로 나연이는 100점을 받아 상을 탔거든요. 엄마는 그때부터 수학, 수학하며 절 쫓아다니기 시작하셨어요."

"맞아요. 엄마가 그때부터 나빈이를 완전 괴롭히셨죠. 하루에 수학 문제집을 5장씩 풀게 하고, 여기저기 학원에도 보내고 나빈이를 들들 볶으셨어요. 근데 정말 이상한 것은 그런데도 성적은 딱히 오르지 않았다는 거죠."

나연이도 말을 거들었어. 역시 나연이의 기억력은 최고야.

"그래요. 나연이 얘기처럼 수학에 투자하는 시간은 많았지만 효율이 없었죠. 오히려 강제적인 공부 방법이 역효과를 일으켜서 저는 아예 수학이라면 고개를 절레절레 흔들게 됐어요. 같은 형식인데 조건만 다르고, 숫자만 바뀐 문제를 계속 푸는 것만큼 재미없는 일은 없어요. 수학 문제 못 푼다고 숨을 못 쉬는 것도, 밥을 못 먹는 것도 아니잖아요. 수학 문제를 풀지 않아도 되는 세상이 있다면 그곳으로 이민가고 싶어요. 휴우."

나는 속사포처럼 다다다 말을 쏟아 냈어. 깊은 마음 속 이야기를 털어 놓으니 조금 마음이 시원해지는 듯 했어.

"나빈이에게 그런 속사정이 있었구나. 무언가를 할 때 가장 힘이 되는 것은 동기 부여지. 근데 나빈에게는 그게 없었구나. 많이 힘들었겠다."

영석 형이 어깨를 가만히 어루만져 주었어. 어깨에 느껴지는 따뜻한 형의 손길. 난 간만에 맘이 편해졌어.

"오빠, 그렇게 다독이지만 마세요. 오빠가 나빈이 편을 들어주면 쟤는 아예 수학 공부 안하는 것을 당당하게 생각하게 될지도 몰라요."

그렇게 말하는 나연이가 난 너무 야속했어. 쌍둥이인데도 한번도 나를 진정으로 이해하려 하지 않잖아.

"너 말 다했어?"

나도 모르게 목소리가 커지자 영석 형이 우리를 말렸어.

"그만해. 우리 모임은 서로의 고민과 속마음을 보여 주는 모임이잖아. 진정하렴."

"오빠, 전 나빈이가 이해가 안 돼요. 수학이 얼마나 재미있는데요. 난 매일 수학만 공부했으면 좋겠는데."

"수학이 뭐가 재미있냐? 이리저리 비비 꼬아서 괜히 머리만 복잡하게 만드는데."

나는 다시 나연이 쪽으로 눈을 흘겼어. 영석 형이 그런 나에게 질문을 했어.

"나빈이는 수학을 공부하는 이유가 뭐라고 생각하니?"

"저도 그게 궁금해서 엄마나 학원 선생님, 친구들에게 모두 물어봤어요. 근데 대답은 한결같이 '미래를 위해서'라는 것이었어요. 좀 더 좋은 고등학교와 대학에 가려면 어쩔 수 없대요. 제가 생각한 이유도 마찬가지예요. 수학은 더 좋은 성적을 얻어 좋은 학교에 들어가기 위해서 필요할 뿐이죠."

"문제는 바로 그거야. 네가 수학을 무조건 지겹다고 생각하고 단지 더 좋은 학교에 가려는 수단에 불과하다고 생각하는 거."

영석 형의 말에 난 더 속상해졌어. 형도 내 맘을 결국 몰라주는구나.

"나도 같은 생각이야."

성원이도 영석 형의 말에 맞장구를 쳤어.

"모두들 너무해."

난 너무 섭섭했어.

"나빈아, 형은 너를 비난하고 타이르려는 게 아니야. 수학에 대한 너의 생각을 바꾸면 네가 수학을 훨씬 좋게 생각하게 될 수도 있다는 걸 알려 주고 싶어서 그래."

"그래, 수학을 공부해야 하는 이유를 다른 면에서 찾아보는 건 어때? 당장은 힘들겠지만 한번 고민을 해 봐. 그리고 스스로에게 질문해 봐. 수학이 너의 삶에서 어떤 의미인지."

성원이의 말에 난 잠시 생각에 잠겼어. 맞아, 난 한번도 그 문제에 대해 진지하게 생각하지 않았던 것 같아. 늘 그러려니 하고 살았으니까.

집에 오는 내내 나는 스스로에게 질문을 했어. 나에게 수학은 과연 어떤 의미를 지니고 있을까? 수학은 우리 삶에 어떤 역할을 하는 걸까? 곰곰이 생각해도 쉽게 풀리지가 않았어.

　도대체 어디서부터 문제가 꼬인 걸까. 옆자리에 앉은 나연이는 가방에서 수학 참고서를 꺼냈어. 붉은 글씨로 '수학만이 살 길이다.' 란 문구가 적혀있는 표지라니. 아휴, 저 전투적인 문구와 자세하며, 난 아무래도 수학이 없었던 원시 시대에 태어났어야 했나봐. 덜컹거리는 버스를 타고 우리는 그렇게 집으로 갔어.

실험의 가치

자연 과학에서는 어느 무엇보다도 실험이 중요합니다. 만일 어떤 과학자가 한 이론을 제시했다고 합시다. 그러면 이 과학자는 자신이 제시한 이론을 실험에 의해서 증명해야만 이론의 참다움을 주장할 수 있습니다. 그러므로 우리들은 어떤 주장을 할 때 그 이유를 제시하며, 한 걸음 더 나아가 그 이유를 뒷받침해 주는 자체를 근거 지어 주는 실험 사례를 함께 말하는 경우가 많습니다. 실험은 자연 과학의 이론 증명에 가장 중요한 방법으로, 항상 관찰을 동반합니다.

파스칼이 행한 실험을 살펴보기로 합시다. 이탈리아의 수학자이자 물리학자인 토리첼리는 1643년 제자 비비아니와 함께 대기압(大氣壓)이 과연 있는지, 있다면 어느 정도로 있는지 실험해 보았습니다. 이를 토리첼리의 실험이라 일컫습니다.

토리첼리가 이 실험을 하며 세웠던 가설은 바로 대기압이 존재한다

는 것이었지요. 이 이론적 가설을 증명하기 위해 토리첼리는 한 쪽 끝이 막힌 약 1m 길이의 유리관에 수은을 가득 채웠습니다. 그리고 수은이 어느 정도 들어 있는 그릇에 이 유리관의 막힌 부분을 위로 하여 세웠지요. 이때 유리관의 수은은 그릇으로 흘러내리고 유리관의 막힌 윗부분에서 약 24cm까지의 부분에 빈 공간이 생겼다고 합니다.

이런 현상은 어떻게 생긴 걸까요? 바로 유리관 속의 수은의 무게와 그릇 속의 수은 표면에 작용하는 대기의 압력이 균형을 이룬 것입니다. 유리관 속의 수은이 밑으로 내려와 유리관 윗부분에 빈 공간이 생긴 것이죠.

파스칼은 이 토리첼리의 실험에서 유리관 속의 빈 공간이 진공이라는 사실을 증명하기 위해 여러 가지 실험을 했습니다. 당시 학자들은 자연에는 진공이 있을 수 없고 파스칼이 실험을 통해서 증명했다는 진공도 역시 매우 미세한 물질이 포함되어 있을 수밖에 없다며 파스칼을 공격했는데, 파스칼은 《진공에 관한 새로운 실험》(1647)을 출판하여 대기 압력의 작용으로 인해서 생기는 진공이 실제로 존재한다는 사실을 여러 차례 증명했습니다. 이 실험 결과를 통해 우린 대기 압력에 관한 앎, 지식을 확실시 할 수 있게 된 것입니다.

 서양에서 자연 과학이 눈부시게 발달할 수 있었던 이유는 무엇보다도 인식론(앎에 관한 이론)이 발달한 덕분입니다. 베이컨과 같은 영국 경험론의 철학자는 '아는 것이 힘이다.' 라고 주장하며, 자연을 알고 이용하고 나아가 정복할 것을 역설했지요. 자연에 대한 앎, 즉 자연 과학적 지식은 대상에 대한 이해를 중요시하는 인문학과는 달리 관찰과 실험에 의한 확실성을 중요시합니다. 그렇기 때문에 자연 과학의 지식은 이론적 가설과 자연 대상의 관찰 및 실험에 의해 풍요로워지는 것입니다.

3

'갈대'로 가는 길

 인간은 자신이 비참하다는 사실을 안다. 따라서 인간은 비참하다는 사실을 알기 때문에 위대하다.

– 블레즈 파스칼

1 이성이냐 심정이냐

'갈대 팡세 프로젝트'가 결성된 지도 벌써 몇 주가 지났어. 우리는 이런 저런 얘기를 나누며 서로에 대해 조금씩 더 알아 가고 있었지.

"어? 오늘은 먼저들 오셨네요."

성원이가 휴게실에 먼저 와서 앉아 있는 우리를 반겼어. 두 손에는 과일과 샌드위치가 담긴 쟁반을 든 채 말이야.

"와, 먹을 거다!"

나는 본능적으로 성원이가 들고 있는 쟁반을 가로채 탁자 위에 놓았어.

"으이그, 저 식욕 본능에만 충실한 동물!"

동생이 감히 이 오빠에게 혀를 쯧쯧 차다니!

"그래, 나는 본능에 충실한 인간이야, 본능이 어때서? 히히."

이런 광경을 재미나게 보던 성원이가 말을 이었어.

"영석 형, 엄마가 공부할 때 허기지면 샌드위치 먹으면서 하라고 만들어 주셨어요. '갈대 팡세 프로젝트' 조직원을 위한 특별 간식이랍니다."

"아야, 맛있겠다. 그럼 오늘 모임은 이 특별 간식을 먹으며 시작해 볼까? 이런 보조 식량까지 지원 받으니까 꼭 우리 모임이 비밀 결사 지하 단체 같아. 하하."

내 말에 모두들 웃음을 터뜨리곤 맛있게 먹기 시작했어. 어찌나 맛있던지 금세 샌드위치가 홀라당 바닥나 버린 거 있지.

"형, 오늘은 이 음식 말고도 더 특별한 이벤트가 있어요. 일종의 선물이라고도 할 수 있죠. 헤헤."

"뭔데?"

성원이의 말에 영석 형의 눈이 커졌어. 맞다, 맞아. 오늘부터 한 선생님이 우리 모임에 오시기로 했지? 우리 해피보이가 정말로 힘겹게 모신 거래. 함께 이야기를 나누면서 친구도 되고 무엇보다도, 호호. 영석 형과 잘됐으면 좋겠어.

그때 한 선생님께서 휴게실에 들어오셨어.

"선생님, 이제 오셨어요?"

"응, 조금 늦었지? 갑자기 응급 환자가 발생해서 말이야."

한 선생님이 활짝 웃으며 말하시니까 휴게실 전체가 환하게 밝아지는 기분이었어. 근데 영석 형은 왜 저렇게 화장실이라도 가고 싶은 것처럼 안절부절못하는 얼굴이지?

"형, 오늘부터 한 선생님도 우리 모임에 함께 하시기로 했어요. 괜찮죠?"

"그, 그럼."

초면도 아닌데 영석 형은 말까지 더듬었어.

"지난번에 성원이 외출 허가서 받을 때 한 번 뵈었었죠? 새로운 팀원으로서 정식으로 인사드려요. 한유나에요. 성원이한테 '갈대 팡세 프로젝트'를 소개 받고 함께 하고 싶어서 왔어요. 대학 다닐 때 《팡세》에 대한 수업을 들었던 기억이 문득 나기도 해서. 호호."

"네, 환영합니다. 전 민영석입니다."

"선생님, 환영합니다! 전 나빈이구요, 저기 못생긴 아이는 제 동생 나연이랍니다."

내 소개를 듣던 나연이가 얼른 말을 가로챘어.

"선생님, 쟤 얘기는 들을 것 없어요. 무시하세요. 헤헤."

"너희들 모임도 하기 전에 벌써 티격태격할 셈이야? 한 선생님도 오셨는데 말이야. 그건 그렇고 오늘 모임은 누가 먼저 얘기해 볼래?"

영석 형이 우리를 둘러보았어. 나연이가 조심스레 입을 열었어.

"오빠, 실은 저번 모임에서 제가 하고 싶은 얘기가 있었는데 미처 못 했어요. 하고 싶은 말을 못 하니 잠까지 안 오더라고요. 히히."

"그래? 그럼 오늘은 나연이 얘기를 들어 보자."

영석 형의 말에 우리는 모두 오케이 사인을 보냈어. 나연이가 과연 어떤 얘기를 할지 나도 정말 궁금했어.

"지난번부터 전 이성적 지식의 한계에 회의를 느꼈다는 오빠의 말이나, 수학이 우리 삶과는 무관하다는 나빈이의 말이 선뜻 이해되지 않았어요."

"그랬었구나. 그럼 찬찬히 왜 그런지 말해 봐. 함께 생각해 보도

록 하자."

영석 형의 말에 나연이는 무슨 의미심장한 결심이라도 한 듯 입술을 한 번 깨물고는 다시 입을 열었어.

"저는 수학이 우리 삶에 꼭 필요한 학문이라고 봐요. 간단한 덧셈, 뺄셈, 곱셈, 나눗셈은 물론 복잡한 공식까지 우리 삶의 전반을 설명할 수 있는 게 수학이죠. 수학이라는 학문이 없었다면 이 우주의 크기와 지구라는 행성의 크기를 측정할 수 있었을까요? 아마 그럴 수 없었을 거예요. 일일이 자를 대고 측정할 수도 없고요."

"하지만 그런 지구의 크기를 몰랐을 때도 사람들은 잘만 살아왔잖아."

내가 입술을 삐죽거리며 말하자 나연이가 말을 이었어.

"박나빈, 지금은 원시 시대가 아니야. 너도 알다시피 요즘 세상이 얼마나 복잡해지고 다양한 모습을 지니고 있니? 이런 세상에서 생겨나는 문제들이 원시 시대와 같을 수 있겠니? 역사가 쌓이고 사람들의 지식이 쌓이면서 사람들은 보다 수준이 높은 학문의 필요성을 느끼게 되는 거야."

"그렇지. 처음에는 물물 교환을 하다가 나중에는 화폐를 만들었고, 화폐가 만들어지면서 수에 대한 사람들의 인식도 발전한 거라고 들었어."

쳇, 성원이 자식. 누가 미래의 과학도 아니랄까 봐 거들기는.

"수학은 모든 이성적 사고의 바탕이 되는 학문이에요. 수학의 원리가 학습되지 않으면 과학 기술의 발전은 상상도 못하죠. 과학 기술뿐만 아니라 경제 분야에서도 수학은 그 몫을 톡톡히 해 내고 있어요. 예를 들어 아버지들이 많이 하시는 주식 같은 데서도 수학의 응용이 필수적이라고 들었어요."

가만히 듣고만 계시던 한 선생님까지 나연이의 말을 거들었어.

"그밖에도 생명을 다루는 생명 과학이나 유전 공학에서도 수학은 필수적이란다. 물론 의학에서는 말할 것도 없고."

예쁜 한 선생님이 오셔서 기뻐했는데 한 선생님도 결국 나연이 편이었구나. 휴우. 한 선생님의 말이 끝나자 나연이는 더욱 당당한 목소리로 말했어.

"전 수학이 이 세상의 모든 진리를 말할 수 있다고 확신해요. 그리고 수학적 사유의 토대인 논리적인 이성이 우리의 삶에서 가장 중요하다고 생각해요. 논리적으로 생각하니까 수학, 과학이 발전해서 이 세상이 더욱 편리하고 좋아진 거잖아요."

가만히 듣고만 있던 나는 그 순간 폭발하지 않을 수 없었어.

"하지만 형, 전 이성적 사유가 아무리 딱 부러졌다고 해도 세상의 모든 진리를 밝힐 수는 없다고 생각해요! 이 세상에는 이성적 사유로 말할 수 없는 것도 얼마든지 있어요. 예를 들어 한 사람이 사랑하는 사람을 만나서 행복하게 사는 경우를 가정해 봐요. 수학적으로 또는 자연 과학적으로 연인과의 사랑을 따지고 증명하고 계산하면서 사랑의 참된 의미를 꽃피울 수 있을까요? 그건 불가능해요."

"그렇지. 사랑이나 행복 등의 문제는 이성적 사유보다는 각자의 마음 속에 있는 느낌과 감정으로 얻는 진리의 세계이지."

영석 형이 고개를 끄덕이며 내 말을 보충해 줬어. 갑자기 난 신이 났어. 오늘따라 말이 술술 풀렸거든. 하지만 나연이도 질세라 또 다시 말을 이었어.

"하지만 오빠, 행복이나 사랑 등도 이성의 능력으로 충분히 밝혀낼 수 있다고 생각해요. 가령 행복은 물질적인 재산의 크기로, 사랑은 감정의 수치 등으로 그것을 설명할 수 있잖아요? 이성은 모든 것을 밝힐 수 있는 원동력이에요."

나는 나연이의 생각이 도무지 이해되지 않았어. 세상에 말이 돼? 사랑을, 행복을 어떻게 과학적으로 증명해?

"나연아, 그럼 너 신을 이성적으로 증명할 수 있어? 할 수 있으면 해 봐!"

내 말에 나연이는 당황하는 듯 했어. 역시 나는 똑똑하다니까. 내가 다시 말하려는 찰나 영석 형이 잠시 우리의 논쟁을 제지하며 말을 했어.

"여기서 지금까지의 이야기를 정리해 봐야겠는걸. 그러니까 나연이는 이성적 능력으로 모든 것을 분석하고 증명할 수 있다는 입장이고, 나빈이는 이성적으로 증명할 수 없는 것도 있다는 거네."

"네!"

나연이와 나는 동시에 대답했어.

"그런데 너네, 너희들의 논쟁이 파스칼의 사상과 깊은 관련이 있다는 것 아니?"

"네?"

뭐가 연관되어 있다는 거야? 파스칼의 '파' 자도 말하지 않았는데.

"아, 맞다. 왜 있잖아. 지난번 갈대밭에서 영석 형이 들려준 파스칼에 관한 이야기 말이야. 처음에 과학자였던 파스칼이 이성적 사유에 한계를 느끼고 철학자가 되었다는 거. 맞아요, 형?"

"하하하. 성원이가 정확히 기억하고 있네. 맞아. 파스칼 역시 참된 진리를 밝히기 위해서 '이성'이 필요한지, 아니면 '심정'의 믿음이 필요한지의 문제로 오랫동안 고심했단다."

"영석 씨의 말을 들으니 의대 다닐 때 파스칼에 대한 수업을 들었던 기억이 새록새록 생각나네요. 근데 사실 그 수업 빼먹고 몰래 미팅하다가 교수님한테 걸려 혼났던 기억이 더 강렬해요. 호호호."

한 선생님의 말에 휴게실은 웃음바다가 되었어.

"우와, 한 선생님도 그런 시절이 있었어요? 전 뿔테 안경 쓰고 만날 공부만 하신 줄 알았는데. 왠지 더 친근하게 느껴지네요. 헤헤."

성원이의 말에 다시 한 번 우리는 크게 웃었어.

"나 이래봬도 의학과의 퀸카였어. 남학생들이 얼마나 쫓아다녔다고. 호호."

"지금도 퀸카 맞으신데요, 뭐. 하하."

엇, 영석 형도 저런 말을 할 줄 알다니? 정말 의외였어. 영석 형과 한 선생님이 눈치 채지 못하도록 나랑 성원이는 눈빛을 교환했지. '일단 성공이다!' 라는 눈빛 말이야.

"사실 그때 저는 의학도의 길을 포기하려고 했었어요. 매일같이 해부하고, 뼈를 맞추고, 시험을 보고, 어쩔 땐 시체랑 밤도 새우고. 사실 전 비위가 약해서 그걸 극복하는 게 정말 너무 힘든 일이었어요. 화장실에서 토하고 와서 또 만지고 보고, 다시 화장실로 뛰어가고. 그러면서도 죽기 살기로 버텼죠. 그래서 간신히 적응이 됐을 때쯤, 제 부모님 두 분이 교통사고로 갑자기 한꺼번에 돌아가셨어요. 의학도였음에도 불구하고 두 분께 어떤 것도 해 드릴 수 없다는 사실이 너무 안타까웠어요. 저도 그전까진 이성적으로 생각하면 모든 걸 올바르게 판단하고 해결할 수 있다고 생각했었거든요. 그게 흔들리니까 너무 힘이 들더라고요. 그런데 어느 날 혼자 있을 때 문득 소리를 들었어요. 포기하지 말라는……. 그게 어떤 소리였는지는 모르겠어요. 정말 신의 말씀이었는지. 환청이라고 해도 상관없어요. 이 말을 아무도 믿어 주지 않는다 해도, 저한테 그 소리가 들렸다는 사실은 변하지 않으니까요. 그 소릴 듣자마자 전 제가 의학의 길을 계속 가야 한다는 걸 단번에 깨닫게 됐어요. 그 말은 저에겐 아직까지도…… 영원한 진리로 남아 있

어요."

한 선생님의 목소리가 가느다랗게 떨렸어. 촉촉해진 눈가를 보니 내 맘까지 너무 아프더라.

"선생님, 많이 힘드셨겠네요. 그 힘든 일을 겪고 이렇게 좋은 의사 선생님이 되시다니. 정말 대단하세요."

영석 형이 손수건을 건네며 한 선생님을 달래 주었지. 손수건을 받은 한 선생님은 다시 환하게 웃으셨어.

"아유, 제가 그만 첫 모임부터 눈물을 보이고 말았네요."

한 선생님은 음, 음 목소리를 가다듬고 다시 말을 이어 나갔어.

"저는 개인적으로 나빈이의 의견에 동의해요. 물론 이성적 사유도 삶의 진리를 증명하는 중요한 요소이긴 하지만 그것은 언젠가 반드시 한계에 부딪치게 된다는 걸 깨달았어요. 저도 이성적 사유로는 그때 제가 들은 소리의 정체를 죽을 때까지 증명할 수 없을 거예요. 의사라는 직업의 특성상 종종 이성적인 생각에 한계가 있다는 걸 잊는 순간도 있지만, 그래도 그때 들었던 소리는 늘 마음속에 간직하고 있어요."

우와, 한 선생님은 정말 멋진 분이셔. 한 선생님과 영석 형이 진짜로 잘되었으면 좋겠다고 난 또 다시 생각했어.

한 선생님의 말이 끝나자 영석 형이 파스칼에 대한 이야기를 시작했어.

"파스칼 역시 신의 계시를 경험한 적이 있지."

"신의 계시요?"

"파스칼도요?"

나와 나연이 또 동시에 물었어.

"응. 파스칼은 신을 느낄 수 있는 것은 머릿속 '이성'이 아니라 바로 우리 마음속에 있는 '심정'이라고 했어. 신은 이성적으로 따질 수 있는 게 아니라 신의 계시를 통해 단박에 느끼고 믿게 되는 것이라는 얘기지. 이건 거의 본능과 같다고 볼 수 있는데, 너희 혹시 여자의 직관이란 말 들어 봤니?"

"하하, 네. 아빠들이 가장 무서워하는 거 아니에요?"

내 농담에 모두가 깔깔대며 웃었어. 근데 나연이 말이지, 입은 분명 웃고 있는데 눈은 흘겨보는 것 같네? 어쨌든 영석 형은 계속 말했어.

"그래. 아빠들이 무슨 잘못을 했을 때, 아무리 안 들키게 하려고 해도 엄마들은 그냥 느낌으로 척 알잖아? 그건 이성적으로 생각을 해서 아는 게 아니지. 신도 마찬가지야. 직관처럼 계시를 통해서 단번에 믿게 되는 거잖아. 그래서 파스칼의 사상에서 신앙이 매우 중요한 거야."

"한 선생님께도 계시가 내렸던 건가요?"

"내가 봤을 땐 그랬던 것 같아. 성원이 똑똑한데?"

영석 형의 칭찬에 성원이의 어깨가 으쓱해졌어. 짜식! 그래, 너에게는 지금 이런 모습이 가장 잘 어울려.

"한 선생님은 소리가 들렸다고 하셨는데, 파스칼도 그랬나요?"

"파스칼에겐 불의 계시가 나타났다고 해. 아마도 그건 굉장히 개인적이고 주관적인 경험이었겠지. 세상에는 아무리 이성적 사유가 뛰어나다고 해도 풀리지 않는 문제들이 있어. 한 선생님도 의학도의 길을 포기할지 말지 고민하던 시기가 있었고, 형도 실명의 위기를 겪었던 것처럼 말이야. 하지만 계시를 통한 믿음으로 무엇이 진리인지 알 수 있었기에 지금 이렇게 의사 선생님이 되신 거잖니? 나연아, 이제 파스칼이 이성에는 한계가 있다고 한 말에 동의할 수 있겠니?"

"네, 조금은요."

영석 형의 질문에 조용히 고개를 끄덕여서 이상하다 했더니, 역시나 나연이는 마지막에 이 말을 덧붙였어.

"그래도 이성의 힘은 매우 중요해요. 적어도 지금 저한텐 말이죠. 수학 공식을 적용해서 어려운 문제를 풀어낼 때 얼마나 통쾌한데요. 흐흐."

아이고, 못 말려! 나연이의 말에 성원이와 나는 혀를 내둘렀어. 영석 형과 한 선생님도 웃음을 지었어.

2 인간은 생각하는 갈대

"그러니까 내가 나연이를 예뻐할 수밖에 없는 거야. 나빈이 너는 왜 나연이만큼 딱 부러지질 못하니?"

큰일이야. 엄마의 언성이 점점 높아지고 있어. 참고서에 몰래 감추어 두었던 학원 평가서가 엄마 손에 들어간 모양이야.

머리는 명석한 것 같으나 집중력이 떨어집니다. 최근 보았던 세 번의 수학 시험에서 모두 평균 미달의 점수가 나왔습니다. 나빈이

의 수학 성적 향상을 위해 일주일에 두세 차례 보강을 하도록 하
겠습니다.

— 수학 담당 김연귀

오늘은 '갈대 팡세 프로젝트'를 하러 가는 날인데, 엄마는 내 손
에 학원 가방을 쥐어 주며 계속 화만 내고 계시니. 이를 어쩌지?

"최근 네가 영석이와 함께 좋은 모임을 갖고 있다고 해서 마음을
놓고 있었는데 이게 뭐니? '갈대 팡세'니 뭐니 다 때려 치워라.
얼른 학원으로 가지 못하니!"

나는 괜히 눈물이 났어. 엄마는 학원 보강을 가라고 하지만 난
'갈대 팡세 프로젝트'에 가고 싶단 말이야. 학원에는 가고 싶지
않아!

"엄마, 저에게는 수학보다도 그 모임에 가는 게 더 중요해요. 그
모임은 수학이 말해 주는 세계보다 더 많은 것을 생각하게 해 주
는 모임이란 말이에요."

엄마는 팔짱을 낀 채 숨을 고르고 있었는데, 치밀어 오르는 화를
참고 계시는 것 같았어.

"그게 밥을 먹여 주니, 성적을 올려 주니? 수학을 잘해야 중학교

도 좋은 데 가고 고등학교도 좋은 데 가고, 또 대학도 좋은 데로 갈 수 있다는 거 몰라? 너 큰집 형이 왜 더 좋은 대학을 못 갔는지 알아? 다 수학 때문이야!"

엄마는 정말 막무가내셨어.

"쳇, 그까짓 수학이 뭐 그리 대단해요? 매일 숫자들 갖고 씨름하고, 공식 외워서 문제나 풀고! 저 오늘 '갈대 팽세 프로젝트' 모임에 참여할 거예요! 성원이 병원에 갈 거라고요!"

엄마는 기가 막힌 듯 나를 바라보았고 나도 질 수 없어서 엄마를 마주 바라보았어.

"얼른 학원으로 가! 너 오늘 학원 안 가기만 해 봐!"

엄마는 문을 쾅 닫고 안방으로 들어 가셨어.

내가 학원 가방을 보란 듯이 소파에 놔두고 현관문을 나서자 곧이어 나연이가 내 뒤에 쪼르르 달라붙어 물었어.

"어떻게 할 거야? 너 진짜 학원 안 갈 거야?"

"응."

나는 싸늘하게 대꾸하며 병원으로 가는 버스에 올랐어. 나연이는 내 눈치만 보고 있었지. 요 얄미운 것. 너 때문에 내가 늘 곱절

로 혼난다는 거 알아? 체. 아무 잘못 없는 나연이까지 괜히 미워지려고 해.

버스가 정류장에 설 때마다 무거운 가방을 든 아이들이 조금씩 올라타더니 어느새 버스가 꽉 찼어. 우습게도, 그 아이들이 모두 내가 다니는 학원 앞에서 우르르 내리는 거 있지. 아아. 이런 풍경, 보는 것만으로도 지치는 느낌이라서 난 눈을 감아 버렸어.

어쩌면 삶은 이렇게 무의미할까? 내가 나를 증명할 수 있는 게 고작 수학이라니. 매일 수학 문제만 풀다 언젠가 나는 그 숫자에 눌려 죽게 될 거야! 왜 사람은 이렇게 매순간 힘든 일에 부딪히는 걸까? 좋은 대학에는 왜 가야 하지? 나는 도대체 어떤 존재일까? 또 무엇 때문에 나는 학원 보충 수업을 빼먹어 가며 모임에 나가는 걸까? 아아. 삶은 너무 고단해. 인간은 참 나약한 존재 같아.

나도 모르게 눈물이 주르륵 흘러 나왔어. 나는 나연이가 볼까 봐 얼른 창밖으로 시선을 돌렸지. 병원 앞에서 버스 문이 열리고 나는 말없이 버스에서 내렸어. 나연이도 내 눈치를 보며 따라 내렸고.

병원 앞 벤치에서 영석 형이 손을 흔들었어. 한 선생님과 성원이도 함께 앉아 있었어.

"우리 오늘은 볕도 좋으니까 야외 테라스에서 모임을 가지는 게 어때?"

나는 가만히 고개를 끄덕였는데, 팀원들이 왠지 내 눈치를 보는 기분이 들었어. 나에 대한 알 수 없는 눈짓들이 오가는 듯한 느낌. 어쨌든 우리는 야외에서 모임을 갖기로 했어.

"그런데 한 선생님, 오늘 안색이 아주 안 좋으시네요. 무슨 일 있으세요?"

나연이의 말에 한 선생님의 얼굴을 쳐다봤지. 그러고 보니 한 선생님의 얼굴이 너무 창백해 보였어.

"으응. 오랫동안 병마와 싸우던 여진이라는 여자 아이가 오늘 하늘나라로 갔어. 참 착하고 예쁜 아이였는데. 이럴 때 내가 의사라는 게 너무 싫어. 산다는 게 뭔지. 어른이 된 지금도 힘들어."

한 선생님의 목소리에는 힘이 하나도 없었어.

"선생님은 선생님 나름대로 최선을 다하셨잖아요. 휴일에도 늘 여진이랑 보내시고. 선생님이 속상해 하시면 하늘나라에서 여진이가 슬퍼할 거예요."

성원이가 한 선생님을 다독거려 주었어.

"원래 인생이라는 게 모든 순간이 행복하지만은 않죠. 기쁠 때보다는 오히려 비참하고 슬플 때가 많아요. 하지만 그런 순간들은 아이러니하게도 인간을 더욱 강하게 만들어 주잖아요. 그렇지 않니? 얘들아."

영석 형도 한 선생님을 위로하느라 한마디 거들었어. 한 선생님의 일을 계기로 오늘은 자연스럽게 우리의 삶에 대한 이야기가 모임의 주제가 되었어.

먼저 영석 형이 말을 꺼냈어.

"자신의 삶에 확신을 가지고 매일매일 행복하게 살아가는 사람이 이 세상에 과연 몇이나 될지 너희들은 생각해 보았니? 매 순간을 되돌아보렴. 수시로 변화하는 무의미한 순간들이 우리들 앞에 펼쳐지지 않니? 왜 우리는 똑같이 시험을 보고, 학교에 다니고, 사회에 나가서 돈을 벌어야 할까? 너희들을 그토록 사랑하고 보살펴 주시는 부모님들도 때로는 낯설게 느껴질 거야. 너희들의 속마음도 모르고 혼내실 때도 있고."

영석 형의 말을 듣다 보니 주체할 수 없이 자꾸 눈물이 나는 바람에, 난 옷소매로 연신 흐르는 눈물을 닦아야 했어. 하지만 어느누구도 내가 왜 우는지 물어보지 않더라고. 난 그런 팀원들이 그

저 고마웠어. 특히 나에 대해 아무 말도 하지 않는 나연이 녀석이 고맙더군. 한참 동안 침묵이 흘렀어. 모두들 영석 형이 던진 질문을 통해서 각자의 일들을 생각하며 스스로 마음을 달래고 있는 모양이었어. 고요한 정적을 깨고 영석 형이 다시 말을 시작했어.

"그렇다면 우리는 왜 이런 무의미한 일상을 살아가야만 할까? 이것이 바로 파스칼이 《팡세》에서 던진 물음이란다. 너희 기억나니? 우리가 처음 '갈대 팡세 프로젝트'를 결성하던 날 형이 너희에게 해 주었던 파스칼의 말."

"그럼요, 오빠. '인간은 생각하는 갈대다.' 맞죠?"

나연이가 재빨리 대답했지.

"그래, 맞아. '인간은 생각하는 갈대다.' 그때 나는 이 말이 인간은 갈대처럼 바람에 이리저리 흩날리는 연약한 존재라는 걸 뜻한다고 얘기했지. 하지만 이 말에는 이보다 더 중요한, 그래서 잊지 말아야 할 것이 있다고도 했었는데. 기억나니?"

그 순간 내 머릿속에 스쳐 지나가는 것이 있었어. 그래서 나도 몰래 굳게 닫고 있던 입을 열었어.

"그것은 인간이 비록 갈대처럼 연약하지만 그러한 나약함을 '생각할' 수 있는 존재라는 거죠."

"응, 나빈이가 저번에 형이 했던 말을 잘 기억하고 있구나. 그래, 파스칼의 말처럼 인간은 생각하는 존재야. 만일 생각이 없다면 인간은 한낱 짐승에 불과할 거야. 여기서 좀 더 깊이 '인간은 생각하는 갈대다.' 라는 명언의 의미를 살펴볼까? 이 명언에서 '갈대'는 인간의 나약함을, '생각함' 은 인간의 위대함을 뜻해. 파스칼은 인간이 지닌 '생각함'에 의해 '갈대' 처럼 약하고 비참한 삶을 극복할 때 영원한 진리를 얻을 수 있다고 보았어. 물론 이때 진리는 이성이 아닌 심정으로 깨달을 수 있는 거고. 이제 알겠니? 인간이 지닌 위대한 힘의 의미를 말이야."

또다시 잠시 동안 침묵이 흘렀어. 모두들 진지한 표정으로 생각에 잠겨 있었어. 나도 무엇인지 정확하게 말할 수는 없지만 마음에 와 닿는 것이 있었어.

"영석 씨의 말을 들으니 다시 뛰어다닐 힘이 생기는데요? 맞아요. 삶의 고통을 느낄 수 있는 그 자체가 또 다른 극복의 가능성이라는 걸 잊고 있었어요. 그 고통을 하나하나 극복해 나갈 때 비로소 삶의 숨겨진 진리를 만날 수 있다는 것을요. 이제 다시는 잊지 말아야겠어요. 제가 잊고 있던 것들을 다시 말해 주셔서 고마워요. 영석 씨."

한 선생님의 말에 영석 형의 얼굴이 붉게 달아올랐어.

"뭐, 뭘요. 그렇게 생각해 주시니 저도 기쁩니다. 우리가 함께 속마음을 서로에게 보이고 이야기를 나누면서 이렇게 삶의 의미에 대해 진지하게 말할 수 있다는 것이 참 행복하네요. 그렇지? 얘들아. 근데, 형이 실은 아까부터 자연의 부름을 받고 있거든. 잠깐 화장실에 갔다 올게."

멋진 말을 한 보람도 없이 영석 형은 얼굴이 빨개진 채 화장실을 향해 쏜살같이 달려갔어. 으하하!

모임이 끝나고 집으로 돌아가는 발걸음은 한결 가벼웠어. 집에 가면 학원 보충 수업을 빼먹었다고 엄마께 혼이 날 게 분명했지만 오늘 모임은 수학 공식 하나가 나에게 전해준 것보다 더 많은 것을 느끼게 해 줬거든. 소신 있게 행동한 내가 새삼 자랑스럽군!

집에 돌아오니 학원 가방이 현관문 앞에 버려져 있었어. 그걸 보고 나연이가 얼른 내 방에 가져다 주었지. 휴, 나는 호흡을 가다듬고 오늘 우리가 나눴던 말들을 떠올렸어. 인간은 자신의 비참함을 알기 때문에 위대하다는 그 말을.

철학 돋보기

신앙과 계시

　다음의 주장들을 잘 읽어 보고 비교하면서 각각의 주장이 어떤 특징
을 가지는지 생각해 보기로 해요.

　"나는 앞으로 살아가면서 내가 하고 싶은 공부, 장래의 직업, 인간
관계, 결혼 등에 관해서 수없이 많은 문제에 직면하게 될 것이 분명
해. 그 경우 나는 무엇을 가지고 어떻게 대처하여야만 할까? 가장 확
실한 인간의 능력은 이성 이외에 다른 것이 있을 수 없어. 오직 냉철
한 이성에 의해서만이 문제들을 가장 현명하게 해결할 수 있기 때문
이지. 그래서 나는 내게 문제가 발생하는 모든 순간마다 내 이성적
사유를 동원하여 합리적으로 해결해 나가려고 해."

　"이성에 의해서 문제를 합리적으로 해결한다고? 합리적인 것을 대

표하는 것은 수학이나 과학 등의 논리적인 학문이지? 그런 지식을 가지고 모든 문제를 해결할 수 있다고 말한다면 그것이야 말로 어리석기 짝이 없는 주장이야. 아무리 공부를 하려고 발버둥을 쳐도 정신 집중이 되지 않는데 그럴 경우 수학적 지식이나 과학적 지식이 무슨 도움이 되겠어? 그리고 내가 짝사랑에 빠져서 상사병을 앓고 있을 때 어떠한 이성적 사유가 나를 치료할 수 있겠어? 전쟁이 터지고 끼니조차 때울 수 없을 지경이 되었을 때, 아무리 합리적이고 논리적으로 완벽한 지식이라고 해도 지식으로 과연 그 상황을 해결할 수 있을까? 나는 이성에 의한 합리적 지식보다 나 자신의 감정에 의해서 문제를 해결할 수 있다고 믿어. 솔직한 내 감정에 따라서 느끼는 대로 행동한다면 어느 정도 문제가 해결될 거야."

"두 사람의 주장은 모두 일리가 있어. 그런데 나는 인간의 문제를 해결할 수 있는 열쇠는 두 가지라고 생각해. 하나는 이성이고 또 하나는 신앙이지. 이성은 자연의 문제들을 해결하는 열쇠인 반면, 신앙은 초자연적인 문제들을 해결할 수 있는 열쇠라고 보면 돼. 그리고 이성이 참다울 수 있는 보장은 바로 신앙에서 나오는 거라고. 신앙은 계시를 바탕으로 한 믿음이라고 할 수 있어. 초자연적이며 절대적인 계시에 대한 신앙이 기본으로 깔리고, 그 위에 이성이 작용한다면 이성과 신앙이 서로 조화를 이뤄 인간의 모든 문제를 해결할 수 있지."

위와 같은 주장들에 대해 어떻게 생각하나요? 이 중 세 번째가 바로 파스칼의 입장입니다. 파스칼은 수학, 물리학 그리고 철학 등 여러 분야를 전전했지만 결국 계시를 통해 기독교로 개종한 후 종교적 신앙만이 학문의 진리를 보장해 줄 수 있는 최후의 근거가 된다고 확신했습니다.

우리의 '팡세'를 위해

 인간은 생각하는 갈대다.

– 블레즈 파스칼

1 파스칼이 우리에게 남긴 것

오늘은 '갈대 팡세 프로젝트'에서 파스칼을 만나는 마지막 시간이야! 엄마와 난 여전히 냉전 중이지만 엄마의 마음을 이해 못하는 건 아냐. 나도 내 수학 점수의 심각성을 누구보다도 잘 알고 있으니까. 그래서 그동안 나는 하루에 한 시간씩 수학을 공부하는 시간을 늘렸고, 자존심이 상했지만 나연이에게 과외를 받기 시작했어. 팀원들에게 비밀이냐고? 그거야 당연한 말씀이지!

'갈대 팡세 프로젝트'의 성공적인 마무리를 기념하기 위해 나와 나연이는 작은 이벤트를 준비했어. 우리는 그동안 틈틈이 모은 돈으로 화이트 초콜릿 케이크를 사서 병원으로 향했지. 성원이는 한결 더 밝아진 표정으로 간호사 누나들과 담소를 즐기고 있더라고. 참, 능력도 좋아.

"어머, 얘가 쌍둥이 친구 중에 오빠인 나빈이구나. 귀엽게 생겼네. 호호."

간호사 누나들이 볼을 꼬집으며 말했어. 순간 나는 귀까지 시뻘개졌지. 어휴. 나연이가 그런 나를 비웃으며 성원에게 말했어.

"성원아, 우리 빨리 휴게실로 가자. 나빈이 저러다가 홍당무 되겠다. 호호."

휴게실에는 한 선생님과 영석 형이 다정하게 이야기를 나누고 있었어. 참 잘 어울리는 두 사람이야.

"어어? 우리가 데이트를 방해한 것은 아니죠? 헤헤."

성원이가 영석 형을 놀리자 영석 형과 한 선생님이 동시에 얼굴이 붉어졌어. 으히히! 그런데 살짝 나연이를 보니 나연이의 큰 눈망울에 물기가 도는 게 보였어. 앗, 이런.

나는 눈치만 보고 있는데 뜻밖에도 이야기를 이어 나간 것은 나연이었어. 역시 나연이는 쿨하고 멋진 내 동생이라니까.

"오빠, 오늘이 드디어 우리 모임의 정식적인 마무리 날이네요. 그동안 우리 팀원들이 정말 열심이었는데 말이에요. 호호."

"그러게, 벌써 그렇게 되었네. 나는 우리들이 이렇게 '갈대 팡세 프로젝트'를 성공적으로 마치게 될 줄은 몰랐어. 하늘에서 파스칼이 기뻐하겠다. 너희처럼 해맑은 녀석들이 그의 말에 귀를 기울이고 있었으니까."

영석 형의 말이 참 멋졌어. 정말 파스칼이 하늘나라에서 우리를 보고 그렇게 생각할까? 그런 상상을 하니 마음이 떨려.

"모임을 마무리하는 차원에서 오늘은 각자 그동안 깨달은 바를 자유롭게 말해 보는 게 어때요?"

한 선생님의 제안에 우리는 흔쾌히 동의했어.

제일 먼저 나연이가 조심스레 말을 꺼냈어.

"그동안 저는 수학과 과학을 공부할 때와 같은 이성적인 능력으로 무엇이든 알 수 있을 거라고 믿으며 살아왔어요. 물론 아직까지 그런 이성의 힘을 불신하지는 않지만, 그것이 증명할 수 없는 진리의 세계가 있다는 것을 알게 되었어요. 이성으로 해결할 수 있는 일에 한계가 있다는 것을 알게 될 때 사람들이 더 많은 진리의 세계를 깨달을 수 있을 거라고 생각해요."

갑자기 나연이가 다르게 보였어. 수학책을 취미로 읽던 나연이가 아니었던가? 그런 나연이에게 드디어 따뜻한 피가 돌기 시작한 것 같아! 춤을 출 일이로구나! 나도 신나서 떠들었어.

"형도 잘 알다시피 저는 그동안 수학이 정말 싫었어요. 저런 학문을 해서 삶에 무슨 도움이 될까 하는 생각이 들었죠. 하지만 지금 당장에야 수학이 시험 성적을 올리는 데만 필요한 것일지 몰라도, 결과적으론 또 다른 진리를 찾기 위해 필요하게 될 거라고 믿어요. 한때 촉망받는 과학자였던 파스칼이 철학자로 진로를 바꿀수 있었던 것처럼 말이에요."

"우와, 나빈이도 파스칼 때문에 정말 많은 생각의 변화가 있었구나. 그럼 성원이는 어떤 생각이 들었니?"

영석 형의 말에 성원이가 수줍은 미소를 지었어.

"저는 사실 희귀병을 앓으면서 저 혼자만 이런 병에 걸려 슬플 때가 많았어요. 하지만 내가 힘들어 하면 주변 사람들이 더 힘들어질까 봐 늘 웃고 다녔죠. 제 건강이 좋지 못하니까, 과학자의 꿈을 접어야겠다고 생각한 그때 하늘공원에 가게 되었죠. 흔들거리는 갈대를 보며 나약한 제 자신이 떠올라 힘들었는데, '갈대 팡세 프로젝트'를 통해서 갈대 같은 인간의 나약함과 비참함의 진정한 의미를 깨달을 수 있었어요. 그것은 바로 내가 비참하다는 것을 스스로 안다는 것이었죠. 또 그것이 생각을 통해 극복될 수 있다는 것까지 알게 됐어요. 그런 생각을 하면서 저는 마음 깊은 곳에 있는 제 자신과 만날 수 있었어요. 그리고 비록 몸이 건강하지 못해서 발명품을 만드는 힘든 일은 할 수 없어도, 날마다 제 머릿속에서 이루어지는 수많은 생각을 통해 한층 더 깊은 진리를 찾아낼 수 있을 거라고 생각하게 됐어요."

떨리는 성원이의 목소리를 듣고 있던 나연이와 나의 눈에는 눈물이 가득 고였어. 한 선생님도 손수건으로 눈가를 훔치고 있었고. 한동안 정적만이 흐를 뿐이었지.

"형은 무엇보다도 우리 성원이가 그런 힘든 마음을 이제는 우리에게 솔직히 고백할 수 있게 되었다는 게 기쁘다. 나도 너희들과 같이 이야기를 나누고 파스칼을 다시 공부하면서 지난 나의 삶을 객관적인 눈으로 볼 수 있었어. 예전에도 잠깐 말했지만, 형이 사고로 한 쪽 눈의 시력을 잃고 힘들었을 때 가장 고통스러웠던 것은 그동안 내가 가장 위대하다고 생각한 과학적 진리와 방법이 그 당시의 나에게 어떤 작은 위안도 되지 못했다는 것이었단다. 그때 나는 파스칼이 말한 이성의 한계를 느꼈던 거지. 그래서 집안의 반대에도 불구하고 신학대학원에 들어갔던 거야. 거기서 파스칼을 접했는데, 사실 처음엔 파스칼이 살아온 과정 중에 나랑 비슷한 부분이 있어서 관심이 갔었지. 그러면서 나도 너희들처럼, 열심히 진리의 세계를 얻기 위해서 사유하고 고뇌했던 파스칼의 삶에 내 삶을 비추어 보았단다. 그래서 지금은 참 행복해. 진리의 길은 아직도 찾아가는 과정이지만."

영석 형의 말을 들으면서 사람들은 모두 마음 한 구석에 깊은 고뇌와 고민을 가지고 있다는 것을 새삼 알 수 있었어. 하지만 사람이 가진 위대한 능력은 그러한 고뇌를 깨닫고 '생각' 함으로써 자신의 삶을 발전시킬 수 있다는 거야. 파스칼이 말했던 것처럼.

"저도 비록 중간부터 이 모임에 참여했지만 느끼는 것이 많았어요. 특히 전 의사라는 직업의 특수성 때문에 안 그러려고 해도 과학적 방법으로만 삶을 보려는 경향이 있었죠. 하지만 이 모임에 참여하면서 오래 전 학교 강의에서 들었던, 과학으로는 설명할 수 없는 것들의 의미를 다시 떠올릴 수 있었어요."

한 선생님이 살며시 미소를 지었어. 분위기가 무르익었음을 알아챈 난 얼른 준비해 왔던 케이크를 탁자에 세팅했지. 초는 팀원의 수에 따라 모두 다섯 개.

 영석 형이 초에 불을 붙였고, 화이트 초콜릿 케이크 위에 다섯 개의 초가 하늘하늘 타올랐어. 그리고 마치 의식을 치르듯이 모두가 눈을 감고 두 손을 모은 채 각자의 소망을 빌었어. 나의 소망? 그거야 비밀이지!

 기도가 끝나고 영석 형이 말했어.

 "많이 생각하고 또 많이 고뇌하도록 하렴! 그렇지만 그냥 생각만 하지 말고 의미 있고 가치 있는 삶을 살기 위해서는 어떻게 해야 할지를 고민하고 의심하면서 생각해야 해. 파스칼이 그랬던 것처럼 말이다. 알겠지, 팀원들?"

 "네, 민스칼 님."

 "하하하."

 우리는 파스칼과 영석 형의 이름을 조합한 새로운 별명으로 영석 형의 물음에 대답했어. 내 마음의 키가 한 뼘은 더 자란 것 같아.

2 우리의 팡세를 쓰다

"뭐라고? 우리들의 팡세를 써 보자고?"

나연이가 눈을 동그랗게 뜨고 내게 되물었어.

"응, 우리도 파스칼처럼 우리의 생각이나 하고 싶은 말들을 팡세를 만들어 기록해 나가자고."

"네가 생각한 것 치고는 꽤 괜찮은 아이디어네. 서로의 생각을 모둠 일기처럼 교류할 수도 있고 말이야."

"그래, 맞아. 내가 어떻게 이런 생각을 하게 됐냐면, 글쎄 어제 자다가 꿈을 꿨는데 '갈대 팡세 프로젝트' 팀원들이 마치 자기가 파스칼이 된 것처럼 각각의 팡세를 쓰고 있는 거야. 꿈이 어찌나 생생하던지. 그래서 눈 뜨자마자 너한테 말하는 거야. 아함, 졸려."

내 말을 들은 나연이가 손으로 오케이 사인을 만들어 보이며 말했어.

"나는 찬성! 그럼 내가 영석 오빠에게 연락해서 의향을 물어볼게. 나머지 팀원들은 네가 알아서 연락해. 알았지?"

나연이는 아직도 영석 형을 많이 좋아하는 것 같아. 하긴 사람을 좋아하는 마음을 어떻게 한순간에 없애 버릴 수가 있겠어? 그저 옆에서 바라보고 있기만 해도 가슴이 떨릴 텐데. 그나저나 지난번 성원이가 귀띔해 준 소식을 들으면 나연이가 섭섭해 할 것 같군. 영석 형과 한 선생님이 요즘 데이트를 하고 있는 것 같다고 했는데.

그날 바로 나와 나연이는 팀원들에게 연락을 했고 만장일치로 〈우리의 팡세〉를 만들기로 결정했어. 성격이 급한 나의 성화 때문에 〈우리의 팡세〉를 쓰기 위한 첫 모임은 내일로 급박하게 정해졌지. 후후후.

다음날, 우린 역시 성원이 병실 앞 휴게실에서 모였어.

"형, 제가 너무 대단한 생각을 해 낸 것 같아요. 헤헤. 그죠?"

"녀석. 그래. 나도 사실은 네가 그런 생각을 해 낼지는 몰랐어. 사실 파스칼의 《팡세》이후 누가 감히 팡세를 쓸 생각을 했겠니? 후후. '갈대 팡세 프로젝트' 사람들이니까 도전할 수 있는 거지. 하하하."

영석 형이 내 머리를 쓰다듬으며 호탕하게 웃었어.

"맞아. 우리들이 뭘 몰라서 이렇게 도전하는 것일 수도 있어. 하지만 나름대로 우리의 생각을 주고받으며 혹은 각자의 생각을 정리하면서 얻는 것이 많을 것 같아."

성원이의 말에 나연이도 맞장구를 쳤어.

"그럼. 팡세를 쓰면서 우리의 생각도 무럭무럭 자랐으면 좋겠다. 호호."

이때 한 선생님이 하얀 표지의 큰 노트를 들고 휴게실로 들어오셨어. 영석 형이 얼른 일어나더니 한 선생님이 들고 있는 노트를 받는데? 이히히.

"애들아, 안녕. 어머, 영석 씨도 벌써 와 있네요. 호호."

"선생님, 근데 이건 뭐예요?"

역시 호기심 많은 성원이가 질문을 던져야지.

"파스칼이 《팡세》를 어디다 적었겠니? 바로 노트였겠지. 아무래도 〈우리의 팡세〉를 쓰기 위해서는 무엇보다 필요한 것이 노트가 아니겠니? 근데 아무도 노트에 대한 말을 안 하더라. 그래서 내가 사 왔지."

흰색 노트 표지에 '우리의 팡세'라는 글씨가 고운 필체로 적혀 있었어.

"역시 한 선생님은 달라요. 나빈이 이 녀석은 아이디어까지는 좋았는데 결정적인 부분에서 준비가 미진했네요."

영석 형의 말에 머쓱해진 나는 다시 말을 이었지.

"어쨌든 이심전심으로 선생님이 노트를 사 오셨으니 이제 각자 자신의 팡세를 적으면 되겠네요. 각자 어제 말한 대로 적을 내용을 하나씩 생각해 오셨죠? 그럼 저부터 적을게요!"

나는 떨리는 마음으로 〈우리의 팡세〉 첫 표지를 열었어. 오늘 날짜를 또박또박 기록하고 나의 팡세를 쓰기 시작했지.

지금 당신이 당장 수학 공식을 모른다고 수학 자체를 혐오하거나 비난하지 마라. 수학은 당신의 생각보다 더 우리 삶 속에 녹아 있다. 예를 들어 사랑하는 사람과의 기념일이나 특정한 날을 계산할 때 수학이 유용하게 활용된다. 당신이 수학의 진리를 진정으로 깨닫는 것은 수학 공식을 외울 때가 아니라 수학적 사고에 의해 삶을 살아갈 때일 것이다.

— 박나빈

이야, 너무 멋지게 쓴 거 아냐? 난 노트를 성원이에게 건네주었어. 성원이도 상당히 고심하는 표정으로 팡세를 쓰더라고.

사랑한다는 이유로 다른 사람들에게 고통과 아픔을 감추지 마라. 당신이 아픔과 고통의 시간을 그들에게 솔직히 드러내야 당신이 사랑하는 사람들의 가슴이 덜 아플 것이다. 왜냐하면 그때 그들은 당신에게 자신들이 필요하다는 것을 깨닫기 때문이다.

— 최성원

성원이는 한 자 한 자 정성스럽게 적은 후 한 선생님에게 노트를 넘겼어.

당신이 알고 있는 이성이나 지식에 대해 매일같이 의심하십시오. 그런 반성을 통해 당신은 오만한 자만심에서 벗어날 수 있을 것입니다. 만약 당신이 의사라면 더더욱 그래야 합니다. 이성과 과학을 믿는 의사는 객관적인 실험 결과와 자료를 토대로 환자를 치료할 수는 있을 것입니다. 하지만 환자들의 고통과 정신적 고뇌는 당신의 눈에 들어오지 않을 것입니다. 육신의 고통보다 더 치유하기 힘든 것은 정신에서 오는 고통임을 당신은 알아야 합니다. 어쩌면 그들에게 필요한 것은 당장의 고통을 치유하는 의사보다는 그들의 본질적인 고통을 위해 말을 먼저 건네주고 마음을 어루만져 주는 그런 따뜻한 마음을 지닌 친구이지도 모릅니다.

— 한유나

〈우리의 팡세〉를 기록하는 한 선생님의 표정이 사뭇 진지했어. 음, 다들 나보다 멋지게 쓰는 것 같은데? 괜히 내가 제일 처음으로 썼나 싶어지는 가운데 다음 차례인 나연이도 펜을 들었지.

때로는 이런 생각을 해 보는 건 어떨까. 내가 외우는 수학 공식 하나보다도, 과학 이론 하나보다도 더 중요한 게 있을지도 모른다는 생각. 하여 나는 이렇게 말한다. 당신은 학교에서 가르쳐 주는 것 외에 다른 진리의 세계에 귀 기울인 적 있는가. 혹은 그 진리를 찾기 위해 몸소 실천한 적이 있는가.

— 박나연

나연이는 마지막으로 영석 형에게 노트를 넘겼어.

파스칼의 현재적 의미는 몇 백 년이라는 시·공간을 초월하여 인간이 아직도 고민하고 있는 진리의 문제를 우리에게 건네주었다는 데 있다. 인간이 생각을 할 수 있다는 위대한 진리의 발견과 이를 통해 참된 진리를 실현할 수 있다는 사실, 그것이 바로 파스칼의 《팡세》가 아직도 현대인들에게 유효한 이유이다. 과학적 이성을 맹신하는 사람들은 과연 이것이 참된 진리를 말해 줄 수 있는 유일한 방법인가, 참된 진리란 무엇인가에 대해 고민할 필요가 있다. 이처럼 진리에 다가가기 위해 고민을 거듭할수록 당신은 한 걸음씩 진리에 가까워지게 될 것이다. 그리고 그 진리를 우리는 신앙의 세계에서 만날 수 있을 것이다.

— 민영석

영석 형을 끝으로 〈우리의 팡세〉가 완성! 우린 각자 쓴 내용을 소리 내어 읽고는 서로 돌려 보았어. 자기 팡세를 읽는 목소리들이 어찌나 진지하던지. 우린 팀원들이 쓴 팡세에 귀 기울이며 공감이 갈 때마다 말없이 고개를 끄덕이거나 눈가 가득히 번져오는 눈물을 훔치곤 했지. 특히 성원이의 팡세 낭독이 끝났을 땐 우리 모두 눈물을 감추느라 미간을 찌푸리고 눈에 힘을 주고 정신이 없었다니깐. 하하. 눈물을 감추려는 우리들을 보고 성원이가 도리어, 감정에 솔직한 것은 인간만의 특권이라며 맘껏 눈물을 흘려도 좋다는 말을 할 정도였어. 슬퍼도 웃기만 했던 성원이가 이런 말을 하다니, '갈대 팡세 프로젝트'는 정말 대성공이야!

나연이와 영석 형, 한 선생님과 나, 우리는 모두 이 모임을 통해 '인간은 생각하는 갈대다.'라는 파스칼의 말을 곱씹으며 하루하루를 진지하고 고민할 수 있었어. 파스칼의 고뇌를 따라가면서 우리는 우리도 모르는 사이에 이미 '생각하는 갈대'가 되어 있었던 거야.

확실한 지식

　많은 사람들이 진리에 대해서 말합니다. 다음과 같은 말들을 잘 새겨들어 보기로 해요.

　"상식이 바로 진리야. 제 아무리 전문가들이 심오한 진리를 말해도 대부분 쓸모가 없기 마련이지. 우리들 모두가 잘 알고 있는 상식만 제대로 알고 이용한다면 삶의 문제는 다 원만히 해결할 수 있어."

　"나는 생각이 전혀 달라. 상식은 그냥 생활하는 데 필요하고 유용한, 그야말로 실용적인 지식일 뿐이야. 상식만 가지고 인공위성을 쏘아 올릴 수 있어? 또 상식만 가지고 에이즈나 암 등의 질병을 치료할 수 있어? 그러니까 수학이나 물리학을 비롯한 자연 과학의 지식이야말로 참된 진리라 할 수 있어. 누가 수학이나 물리학의 지식이 틀리다고 감히 반박할 수 있을까?"

"수학적 지식이나 과학적 지식이 참되다는 주장은 일견 그럴 듯하게 들리네. 하지만 내가 생각하기에는 상식이나 수학적 지식 모두 가설에 지나지 않아. 그러니까 좀 이상하게 들릴지 몰라도 참다운 앎은 예술적 직관 밖에 없어."

"예술적 직관이 진리라고? 예술적 직관은 그저 느낌이 아닐까? 느낌은 한결같지 않고 수시로 변하는데 그게 어떻게 참다운 지식, 불변의 진리가 될 수 있지? 나는 상식이나 수학적 지식, 그리고 예술적 직관 모두 진리일 수 없다고 생각해. 내 생각으로는 종교적 진리만이 참다운 지식이야."

이상에서 살펴볼 수 있는 것처럼 우리는 확실한 지식, 즉 진리에 관해 여러 가지 입장을 전개할 수 있습니다. 물론 수학과 물리학을 비롯해서 자연 과학적인 지식들이 현재 가장 확실한 진리로 여겨지고

있는 게 사실입니다. 그러나 자연 과학적인 지식들은 자연 세계에 대해서만 타당하고 예술이나 종교와 같은 인간의 정신세계에 대해서는 얼마든지 틀릴 수도 있는 지식입니다. 오히려 종교나 예술 분야의 지식이야말로 확실한 진리이고, 수학이나 물리학의 지식들은 그를 근거로 삼고 있는 상식인 것일지도 모르는 일이지요.

　요컨대, 어떤 입장이든 하나의 측면에서만 '~이 진리다.'라고 섣불리 단정 짓는 것은 무리가 있다는 것입니다.

 에필로그

'갈대 팡세 프로젝트'를 결성한 지 어언 3년, 나와 나연이는 중학교에 입학하여 벌써 3학년이 되었어. 지난 3년 동안 〈우리의 팡세〉의 두께는 제법 두터워졌지. 게다가 〈우리의 팡세〉는 성원이가 입원한 병원의 명물이 되었다고. 우리는 한 선생님의 권유에 따라 〈우리의 팡세〉를 병원 휴게실에 비치해 놓고 각자의 생각을 시간이 날 때마다 자유롭게 적곤 했어. 이것이 병원을 오가는 사람들에게 점차 알려지고, 우리 팀원 외에도 많은 사람들이 자신의 팡세를 기록하며 아픔과 고민을 다른 사람들과 나누게 되면서 입소문이 퍼져서 병원 측에서 아예 그 휴게실을 '팡세실'이라고 이름 붙였지 뭐야?

3년 동안 우리에게도 많은 변화가 있었어. 우선 수학책을 취미삼아 읽던 냉혈 인간 나연이는 꽤 예쁜 여중생이 되었어. 짜식. 나연이는 '갈대

팡세 프로젝트' 이후로 과학이나 수학서 뿐만 아니라 소설이나 시집 같
은 감성적인 책들도 읽게 되었지. 나는 여전히 수학 때문에 고생하고 있
지만, 나연이의 갖은 구박으로 이루어지는 특별 과외를 통해 장족의 발
전을 하고 있는 중이야.

성원이는 아직도 병원에 입원 중이야. 그래도 작년부터 검정고시를 준
비하며 과학자의 꿈을 다시 키우고 있어. 시간이 날 때마다 다른 환자들
이 들고 오는 고장 난 MP3나 라디오를 수선해 주느라 부지런을 떨고 있
다지?

여전히 그 친구의 별명은 해피보이지만 예전과는 좀 다른 해피보이라
고 할 수 있어. 성원이는 이제 과감히 아플 때는 아프다고 말하고 힘들
때는 힘들다고 말하는 솔직한 해피보이거든.

한 선생님과 영석 형은 아직까지도 좋은 관계를 유지하고 있다고 해.
영석 형이 프랑스 유학에서 돌아오면 아마도 바로 결혼을 하지 않을까
싶은데. 다만 걸리는 건 두 분이 결혼을 하게 된다면 나연이가 좀 서운
해 할지도 모른다는 거야. 나연이는 이미 감정이 정리되었다지만 사람
마음은 쉬운 게 아니니까.

나는 힘들 일이 있을 때마다 여전히 성원이가 있는 병원을 찾아가. 하
지만 예전처럼 성원이에게 고민을 털어놓고 위로를 받기 위해서 가는

건 아니야. 난 말이지, 내가 세상을 살아가는 이유는 나 자신을 찾고 알아 가기 위해서라고 생각하게 되었어. 그래서 지치고 힘이 들 때마다 '팡세실'에 놓여 있는 〈우리의 팡세〉를 뒤적이지. 거기서 지나간 일도 추억해보고, 또 다른 사람들이 적어 놓은 팡세에서 내가 미처 깨닫지 못한 것들도 새롭게 깨닫곤 해. 그건 정말 설레는 일이야.

많은 사람들의 손이 타서 〈우리의 팡세〉 노트가 닳아 갈수록 점점 《팡세》의 진리의 세계가 우리에게 가까워지고 있는 거겠지? 난 그것을 믿어 의심치 않아.

통합형 논술
활용노트

01 다음 제시문을 읽고 물음에 답하세요.

(가) "그래, 과학적 인간이었지. 하지만 인간이 지닌 이성의 힘만을 믿던 나에게 왼쪽 눈의 실명은 정말 커다란 계기가 되었어. 그 정신적 고통은 결코 나의 이성과 사유의 힘으로는 해결될 수가 없는 것이었단다. 아무리 이성적이고 과학적인 논리로 그 고통을 해명하고 치유하려고 해도 정답을 찾을 수가 없었지. 과학적 연구니 논리적 증명이니 이런 방식들의 한계를 느낀 나는, 과연 무얼 찾아 어디로 갔겠니?"

"신학으로 바꿨다면서요? 신을 찾아 하늘로 갔나요? 하하."

"바로 그거야. 인간이 자기 능력의 한계를 느끼면 전지전능한 신의 도움을 바라게 되지. 그래서 형도 신학을 공부하게 된 거란다. 그 와중에 파스칼도 알게 된 거지."

— 《파스칼이 들려주는 갈대 이야기》 중에서

(나) 종미는 두근거리는 마음을 누르며 수상자 명단을 클릭했습니다. 디자이너를 꿈꾸는 종미는 미술 대회에서 늘 떨어져 속상했어요. 그래서 이번 대회를 준비할 때는 매일 방과 후에 미술 학원에서 열심

히 그림을 그렸습니다. 조금이라도 맘에 안 드는 곳이 있으면 몇 번이고 처음부터 다시 그렸습니다. 그리하여 고생 끝에 100% 마음에 드는 작품을 제출하였습니다.

종미는 화면이 뜨길 기다리는 동안 하나님께 기도했습니다. 이렇게 열심히 했는데도 입상하지 못한다면, 자신을 사랑해주는 하나님이 없기 때문일 거라고 생각하면서요.

드디어 수상자 명단이 떴습니다. 대상, 금상, 은상, 동상, 장려상……. 하지만 어디에도 종미의 이름은 없었습니다. 눈을 비벼가며 몇 번이고 다시 찾아보아도 소용이 없었습니다. 종미는 맥이 풀린 듯 혼자 중얼거렸습니다.

"하나님? 그런 건 없어. 하나님이 있었다면 내 노력에 보답을 해 주셨을 테니까. 신에게 의지하지 말고 스스로 내가 잘하는 것을 찾아보는 게 낫겠어."

1. 제시문 (가)의 영석과 (나)의 종미는 각기 하나의 계기를 통해 생각이 바뀝니다. 두 사람이 어떤 문제를 겪고서 어떻게 생각이 바뀌는지 공통점과 차이점을 이야기해 보세요.

2. 영석과 종미는 신을 어떤 존재라고 생각하는 걸까요? 두 사람의 경험과 관점을 비교해 보고 파스칼의 신앙과 관련지어 설명해 보세요.

02 다음 글을 읽고 물음에 답하세요.

(가) "그래, 맞아. '인간은 생각하는 갈대다.' 그때 나는 이 말이 인간은 갈대처럼 바람에 이리저리 흩날리는 연약한 존재라는 걸 뜻한다고 얘기했지. 하지만 이 말에는 이보다 더 중요한, 그래서 잊지 말아야 할 것이 있다고도 했었는데 기억나니?"

그 순간 내 머릿속에 스쳐 지나가는 것이 있었어. 그래서 나도 몰래 굳게 닫고 있던 입을 열었어.

"그것은 인간이 비록 갈대처럼 연약하지만 그러한 나약함을 '생각할' 수 있는 존재라는 거죠."

"응, 나빈이가 저번에 형이 했던 말을 잘 기억하고 있구나. 그래, 파스칼의 말처럼 인간은 생각하는 존재야. 만일 생각이 없다면 인간은 한낱 짐승에 불과할 거야. 여기서 좀 더 깊이 '인간은 생각하는 갈대다.'라는 명언의 의미를 살펴볼까? 이 명언에서 '갈대'는 인간의 나약함을, '생각함'은 인간의 위대함을 뜻해. 파스칼은 인간이 지닌 '생각함'에 의해 '갈대'처럼 약하고 비참한 삶을 극복할 때 영원한 진리를 얻을 수 있다고 보았어. 물론 이때 진리는 이성이 아닌 심정으로 깨달을 수 있는 거고. 이제 알겠니? 인간이 지닌 위대한 힘의 의미를 말이야."

― 《파스칼이 들려주는 갈대 이야기》 중에서

(가) "내가 수행자로서 평생을 살았는데 사람들은 내게서 자꾸 무엇을 얻으려고 하고 있다. 실은 자기 속에 영원한 생명과 무한한 능력을 갖추고 있으면서 그것을 계발하려고 노력하지 않고 나만 쳐다보고 사니 내가 중생들을 속인 꼴이다.

그러니 나를 쳐다보지 말고, 밖에서 진리를 찾지 말고 자기를 바로 보아라. 각자가 가지고 있는 영원한 생명과 무한한 능력을 스스로 계발해 쓰도록 하라."

－《우리 곁에 온 부처 성철》(이룸) 중에서

1. 제시문 (가)와 (나)에 나타나 있는 인간관을 비교하여 공통점을 말해 보세요.

2. 제시문 (가)를 읽은 후 (나)에서 말하는 '영원한 생명'과 '무한한 능력'이 무얼 뜻하는지 생각하여 말해 보세요.

03 파스칼은 《팡세》에서 분별력 있는 사람이라면 신을 믿는 것이 유리하다는 것을 설득하기 위해 다음과 같이 말합니다. '파스칼의 내기'라고 불리는 이 글을 읽고 물음에 답하세요.

세계가 가능한 상태로는 다음의 두 가지가 있다. 신이 존재하는 세계와 신이 존재하지 않는 세계. 우리는 다음의 두 가지 상태 중 하나를 선택하여야 한다. 즉, 신을 믿거나 믿지 않는 것. 만약 신이 존재하고 당신이 신을 믿는다면, 당신은 천국에서 무한한 행복을 누릴 것이다. 만약 신이 존재하지 않지만 당신이 신을 믿는다면, 당신의 삶은 특별한 행복이나 처벌이 없는 다분히 평범한 삶이 될 것이다. 반대로, 당신이 신을 믿는 것을 거부했는데 신이 존재한다면 당신은 지옥에서 참을 수 없는 고통을 맛보아야 할 것이다. 만약 당신이 신을 믿지 않고 신도 존재하지 않는다면 당신의 삶은 천국이나 지옥을 경험하지 않는 평범한 삶이 될 것이다.

1. 제시문에 따르면 신을 믿거나 믿지 않는 데 따라 얻을 수 있는 결과도 달라집니다. 그 경우의 수를 모두 설명해 보세요.

2. '파스칼의 내기'에 어떤 문제점이 있는지를 비판해 보세요.

통합형 논술
문제풀이

01 1. 영석은 왼쪽 눈을 실명한 것 때문에 정신적인 고통을 감당하지 못하는 자신의 능력에 한계를 느낍니다. 또한 종미는 아무리 열심히 해도 미술 대회 입상을 하지 못하는 자기 능력에 한계를 느낍니다. 두 사람 모두 자기 능력에 한계를 느낀 것을 계기로 생각을 전환하게 된다는 공통점이 있습니다.

하지만 영석은 신을 믿지 않고 인간의 이성 능력만을 믿었다가, 실명을 계기로 신을 믿게 됩니다. 반대로 종미는 신을 믿고 있었지만, 미술 대회에서 떨어진 것을 계기로 신을 믿지 않고 자신의 능력만을 믿게 됩니다. 이처럼 비슷한 경험을 해도 사람마다 생각은 다르게 변할 수 있습니다.

2. 영석과 종미는 모두 신을 전지전능한 존재라고 생각합니다. 하지만 조금 더 자세히 들여다보면 분명 차이가 있습니다. 영석은 사고로 왼쪽 눈을 실명하는 비극적인 일을 겪습니다. 그래서 한쪽 눈만 가지고 살아가야 하는 슬픔을 신에게 의지함으로써 치유할 수 있다고 생각합니다. 즉, 인간 스스로 해결할 수 없는 정신적인 고통을 신이 치료해줄 수 있다고 여기는 것입니다. 한편 종미는 신이 인간의 노력에 보답을 해 주는 존재라고 생각합니다. 그래서 미술 대회에서 입상하지 못하자 신이 없다고 생각하기로 합니다. 노력에 대해 아무 보답도 받지 못했다는 건, 보답을 내려 주는 신이 없기 때문이라고 여긴 것입니다.

파스칼은 불의 계시를 통해 심정, 즉 직관으로써 신을 믿게 되었습니다. 고통스런 삶 가운데 놓여 있으면서도, 자신의 비참함을 생각할 줄 아는 그 능력이 인간의 위대함이란 걸 깨달았던 것입니다. 따라서 신이 도와주지 않는다고 좌절하여 믿음을 버린 종미보다는, 비극을 겪고서 신앙의 절실함을 느낀 영석이 파스칼과 더 비슷한 경우라고 할 수 있습니다.

02 1. (가)에서는 '인간은 생각하는 갈대다.'라는 파스칼의 명언을 통해 인간의 위대함을 이야기하고 있습니

다. 인간은 갈대처럼 이리저리 흩날리는 나약한 존재입니다. 하지만 그런 자신의 나약함을 생각할 수 있는 능력이 있습니다. 또한 진리를 깨닫는 '심정'을 지니고 있다는 점에서 인간은 위대하다고 파스칼은 주장합니다. (나)를 보면 성철 스님은 사람은 누구나 자신 안에 영원한 생명과 무한한 능력을 가지고 있다고 말합니다. 그리하여 그 능력을 스스로 개발하면 진리를 얻을 수 있다고 일러줍니다.

파스칼과 성철 스님은 모두 인간을 위대한 존재라고 생각합니다. 인간이 행복에 다다르는 것은 진리를 깨달을 수 있는 위대한 능력을 통해 삶을 극복하는 것입니다. 이것이 두 사람의 공통된 생각입니다.

2. 인간은 나약하지만 그런 자신의 나약함을 생각할 수 있는 능력이 있기 때문에 위대합니다. 고통스러운 삶 속에 파묻히지 않고 그런 자신의 모습과 자신이 살고 있는 이 세계를 객관적으로 바라볼 수 있는 존재는 인간뿐입니다. 성철 스님이 말한 '무한한 능력'은 파스칼에게 있어 '생각하

는 능력'에 해당됩니다.

또한 파스칼은 이성이 아닌 심정으로써 진리를 깨달을 수 있다고 말합니다. 이 진리는 신의 계시를 뜻합니다. 불교에서 '영원한 생명'은 진리 그 자체이며 또한 진리를 향해 가는 여정입니다. 진리와 직접적으로 맞닿아 있는 '영원한 생명'은 파스칼이 말하는 '심정'에 해당됩니다. 파스칼에 의하면 오로지 심정을 통해서만 진리를 깨달을 수 있기 때문입니다.

03 1. '파스칼의 내기'는 다음과 같은 네 가지 경우로 정리할 수 있습니다.

첫째, 신을 믿기로 결정하고 실제로도 신이 존재하는 경우, 무한한 행복을 얻을 수 있습니다. 둘째, 신을 믿는데, 신이 존재하지 않을 경우라도 얻는 것은 최악인 참을 수 없는 고통이 아니라, 평범한 삶에 불과합니다. 셋째, 신을 믿지 않는데, 실제로 신이 존재하는 경우는 최악의 경우가 됩니다. 지옥에서 참을 수 없는 고통을 겪게 되

지요. 끝으로 신을 믿지 않는데, 실제로도 신이 존재하지 않는 경우는 두 번째 경우와 마찬가지로 평범한 삶을 살게 됩니다. 이렇게 보면, 네 가지 경우 중, 신을 믿고 실제로도 신이 존재하는 경우가 가장 유리합니다. 따라서 파스칼은 신이 존재한다는 쪽에 내기를 거는 것이 가장 합리적인 선택이라고 주장합니다.

2. '파스칼의 내기'는 경우의 수를 서로 비교해 신을 믿는 것이 우리에게 더 유리한 선택이라는 이유로 신을 믿도록 설득하고 있습니다. 하지만 우리가 원하는 대로 무엇이든 믿는 것은 가능하지 않습니다. 개가 나는 모습을 보고 싶다고 해서 '개가 날아다닌다.'고 믿을 수는 없습니다. 또한 우리에게 유리하다고 해서 어떤 것을 믿기로 결심할 수도 없습니다. 믿기 전에 사실이 그렇다는 확신이 있어야 합니다. 사실이 그렇다는 확신도 없이 믿는 것은 분별있는 행위가 아니기 때문입니다. 이 '파스칼의 내기'는 어떤 것을 믿기 위해 먼저 그것이 참이라는 것을 믿도록 설득하고 있

다는 문제점을 지니고 있습니다. 다시 말해, 갖고 있지도 않은 믿음을 바탕으로 선택하도록 제안하고 있다는 것입니다. 또한 신에 대한 태도를 생각해 볼 때도 '믿음 없이 믿는 것'은 가능하지 않을 뿐더러 진실하지도 못합니다. 신을 믿는 동기가 이익의 추구에 있다면, 이는 신을 믿는 올바른 자세라고 볼 수 없습니다.